改訂
2版

「通関士」
合格の基礎知識

片山立志 著

日本能率協会マネジメントセンター

改訂に寄せて

　本書は、2004 年に通関士試験合格講座の生講義の再現をし、わかり
やすく合格のための基礎知識を解説する目的で執筆されたものです。初
版から改訂を何度も繰り返し、その時代にあった情報を発信してきまし
た。そして、今回の改訂も 2020 年代にあった新しい情報により補筆や
修正を行いました。

　身近なところでは、消費税の税率に変更があったことです。輸入時の
消費税、地方消費税の税率の変更があり、これにより簡易税率も変更さ
れました。これに基づき、今回の改訂では、新しい消費税に基づいた解
説に修正しました。

　次にメガ EPA/FTA 時代の到来です。2004 年の初版の時期には、日
本では広域の経済連携協定は存在しませんでした。まだ、WTO（世界
貿易機関）中心の考え方であり、2002 年に締結されたシンガポール協
定により EPA/FTA がゆっくりと芽生えるころでした。あれから 16 年
経ち、昨年、一昨年と続けて TPP11 協定や日欧協定という広域型の
EPA/FTA が出現しました。また、日米協定も発効されました。さら
には、RCEP（東アジア地域包括的経済連携）が近いうちに締結される
見込みです。WTO を補完するといっていいのか、WTO に代わってと
いっていいのかはまだわかりませんが、こうしたメガ EPA/FTA によ
る囲い込みは、世界の流れとなっています。

　ところで、これらのメガ EPA/FTA では、自己申告型の原産品申告
書を用いることになっています。これまでの商工会議所の発行する第三
者証明（原産地証明書）による方法とは大きく異なります。輸入者また
は、輸出者、生産者が自ら原産性を申告する方法が採用されたことによ
り、通関士は、これまで以上に原産地基準や原産性の証明などの専門家
としての責任も大きくなるでしょう。もちろん、国家試験においても重
要な論点となります。

さらには、これら協定に関して国内法である関税に関する法律も整備されています。

　つぎに、新しく2020年版インコタームズが施行されます。インコタームズは、その時代に適合したものにするため、10年ごとに改定されます。2020年1月1日から施行される2020年版インコタームズと課税価格の決定についても補筆しました。

　通関士試験は、関税法その他関税に関する法令が主たる試験科目です。これらの法律を学習するためには、まずは、通関・貿易の流れを知って行うのが効率的なのです。つまりは、これらの基礎になる知識を学び、法律にあたった方が理解が早いのです。

　そこで本書は、通関に関するいろいろな制度の背景を、できる限り記述しました。これは、理解を深めるための重要なファクターです。本書を通じて、読者の皆様が通関士、貿易実務に興味を持っていただき、さらには、通関士試験、貿易実務検定、EPAビジネス実務検定の試験に役立てていただけたら、この上ない喜びです。

　2020年1月1日

　　　　　　　　米国ハワイ州ホノルルにて　片山　立志

はじめに

　この本はおもに、通関士国家試験や貿易実務検定®の受験をめざす方々、あるいは貿易関連法規を学習しようという方々にぜひお読みいただきたいと考え、書き上げたものです。「輸入通関」と「関税」を中心的テーマとしていますが、これは、たとえば通関士国家試験では輸入通関及び関税に関する出題が多くを占め、また、受験生から寄せられる質問もこの分野に集中しているからです。

　独学で取り組む場合、無味乾燥なテキストや条文だけを頼りに学習していきますので、どうしても学習内容のイメージが掴みきれないことが多いのです。その結果、少し的はずれな疑問にとらわれたり、ちょっとしたボタンのかけ違いに気づかなかったり、ということになりがちです。

　なぜこんなことが規定されているのだろうか、実務ではどのように運用されているのだろうか、この規定は輸入者にどのようなメリットがあるのだろうか、——など皆さんがわかりづらいだろうと思うところを、これまでの私の経験に基づいてまとめました。また、ふだんの講義でお話ししているように、できるだけかみ砕いて解説しました。同時に、初学者の方でもイメージが湧き出るように、多くの図や表を用いて具体的にビジュアルに書きました。

　しかし本書は、初心者の方々のものだけではありません。ある程度勉強された方にも読みごたえがあるように工夫してあります。今までブラックボックスの中にあった事柄がきっと解決されると思います。知識の確認にも効果を発揮するでしょう。また、貿易実務検定®をめざす際には、なかなかわかりにくい「通関・関税制度」の分野ですが、本書により間違いなく親しみが湧いてくるだろうと思います。

　ところで最近の通関士国家試験の合格率を見て思うことは、乱気流に突入した飛行機のようです。あるときは高く舞い上がり、そしてまた急

降下するのに似て、安定性に欠けています。しかし受験される方々は合格率の推移に一喜一憂せずに、基本となる事項を確実に自分のものにするよう学習していただきたいと思います。

　通関士国家試験の合否は、基本事項の習得の度合いによって決まります。本書は、そのための有効な手段になりうるものと自負しています。合わせて、拙著『通関士試験合格ハンドブック』『通関士試験テーマ別問題集』（いずれも年度版、日本能率協会マネジメントセンター）の活用もおすすめします。

　さらに、実務に就かれている方々には、知識の集大成に役立つものと思います。規制の流れを知ることは、さらに新しい発見をするチャンスにつながるのです。

　読者の皆様が本書を存分に活用され、それぞれの目標を達せられることを心から祈念いたします。

2004 年 2 月

片山　立志（台北にて）

目　　次

図 表 目 次

通関を
マスターする！

Part

I

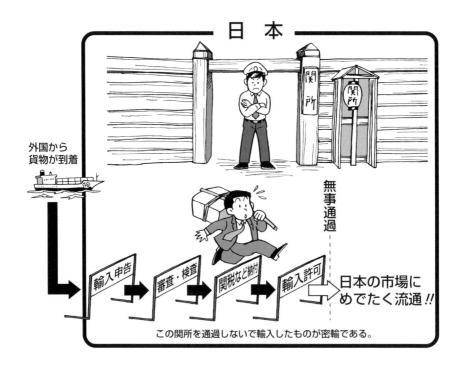

第1講 ● 税関と輸出入

　輸入貨物を日本に引き取ってもいいか、貨物を外国に向けて送り出してもよいか、を最終判断するお役所が税関です。税関は、財務省の地方支分部局として設置されているものです[※1]。

　さて、輸入の場合、「この輸入貨物を日本に引き取ってもいいか」の判断は、2つの側面から行われます。

図1-1　関所（税関）を通れば、めでたく日本の市場に流通！

日　本

外国から
貨物が到着

輸入申告　→　審査・検査　→　関税など納付　→　輸入許可

無事通過

日本の市場に
めでたく流通!!

この関所を通過しないで輸入したものが密輸である。

※1　税関は、財務省の地方支分部局として設置されているもので、全国で9つあります。具体的には、函館税関、東京税関、横浜税関、名古屋税関、大阪税関、神戸税関、門司税関、長崎税関及び沖縄地区税関です。

　一つは、関的な側面です。一言でいえば、貨物そのものについて検査し、日本に引き取っていいのかどうかを判断するという側面です。輸入の場合、ある種の薬物や著作権を侵害した物品、あるいはポルノなど「輸入してはならない貨物」ではないか、または、行政機関の許可や承認などが必要な貨物であれば、許可や承認等を受けているか、さらには、原産地について偽った表示があるか、などの検査をするものです。

　二つ目は、税的な側面からの判断です。輸入貨物には、関税、消費税、地方消費税といった税金が課税されます。この他、お酒を輸入する場合は、酒税が課されます。

　税関は、これらの税金の徴収機関でもあるのです。したがって、輸入の際、輸入者から申告された納税申告書が適正なものかを審査します。

　また、輸入品によっては、例外的に税関（正しくは、税関長）が、輸入貨物の税額を決め賦課することもあります。

　さらに、WTO協定の譲許税率や、関税暫定措置法で定める特恵関税率、EPA/FTA（経済連携協定（自由貿易協定））の規定による譲許税

図1-2　関税の目的は国内産業の保護にあり

率により関税額を確定するには、本当に譲許を受けることができる原産品なのか、また、原産地手続きが適正に行われているかをチェックします。

関的検査と税的検査からなる税関検査[※2]により、輸入貨物を引き取っていいのかを最終判断するわけです。このため、税関は、これらの判断のために必要な時には、仕入書（インボイス）、運賃明細書、包装明細書など判断に必要な書類の提出を求めることができます。

輸入許可を受けるには、原則として関税、消費税、地方消費税などを納付しなければなりません。これら関税、消費税、地方消費税などをまとめて輸入税と総称することもあります。この中の関税は、消費税などとは異なり、財政目的のみならず「国内産業保護」という重要な課税目的があります。これから関税法や関税定率法などの関税に関する法律を学習していくと日本の国内産業保護に係る貿易関税政策がお判りになるでしょう。

図1-3 輸入申告と関係書類

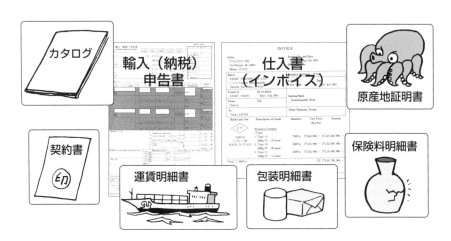

● 特に新しい輸入品の場合は、詳しい資料を取り揃えて税関に説明します。これらの資料は、課税標準（☞p94）を決定する上でも重要です。

　ところで、輸入申告は、原則として納税申告とともに行います。注意したいのは、同じ「申告」でも2つの目的は、異なることです。輸入申告は、どのような貨物を引き取るのかという「貨物」についての申告です。納税申告は、貨物に課される「税金」を申告するものです。原則としてこれら2つの申告を同時に行う必要があります。ですから輸入（納税）申告と呼んでいるのです。学習をする時は、この点を意識して行ってください。

図1-4 原則として輸入者は輸入申告と納税申告を同時に行う

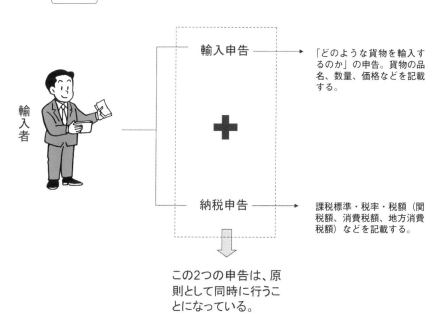

輸入者

輸入申告 →「どのような貨物を輸入するのか」の申告。貨物の品名、数量、価格などを記載する。

＋

納税申告 → 課税標準・税率・税額（関税額、消費税額、地方消費税額）などを記載する。

この2つの申告は、原則として同時に行うことになっている。

※2　この税関検査は、日本国憲法で定める検閲の禁止に反するのではないかと争われたことがありました。昭和59年12月12日、最高裁は、関税徴収手続の一環として行われる付随的な検査にすぎず、検閲に該当するものではないと判決しています。

第2講 ◉ 通関の2つの大きな流れ

（1）AEO制度

通関に限らず税関行政全体にかかわる話としてまず皆さんに知っていただきたいのが、AEO（Authorized Economic Operator）という制度です。日本語に直訳すると「認定された経済事業者」といったところでしょうか。この制度は関税法で定められていますが、全体のフレームワークは2005年（2007年改訂）に世界税関機構（WCO）[※3]で採択された「国際貿易の安全確保及び円滑化のための指針」に基づいており、国際的な枠組みの上につくられています。

今から約20年前の2001年9月11日、アメリカ合衆国で起きた同時多発テロは、世界中を震撼ならしめました。とくにニューヨークのマンハッタンの先端にあったWTCビルに、乗っ取られた航空機が時間差で2機も突っ込むというショッキングな映像は、テロの恐ろしさを目の当たりにしました。

このテロの脅威から国を守っていく、そのためには、検査を厳格に実施する必要があります。大量破壊兵器に使用されるおそれのある物品が平気で世界各国に流通しては、危険この上ありません。各国が、しっかりと水際で取り締まる必要があります。しかし、一方で、すべての貨物の取り締まりを強化していくと、国際物流上、大きな問題が生まれます。スムーズに貨物が流通していかなくなります。発注から貨物を受け取る

※3　世界税関機構（WCO：World Customs Organization）：1952年、関税協力理事会（Customs Co-operation Council）として各国の税関の協力強化のために設立。本部は、ベルギーのブリュッセルにあります。日本は、1964年に加盟。主な活動に、HS条約（商品の名称及び分類についての統一システムに関する国際条約）の策定、国際貿易の安全確保及び円滑化のためのWCO「基準の枠組み」の策定、知的財産権侵害物品の対策の推進などがあります。

までの**リードタイム**が長くなり、産業の発展を阻害します。そこで、厳重な検査のいらない**ローリスクグループ**とそれ以外のグループに分けて、メリハリのある通関システムを構築しようと考えたのです。そうして生まれたのが、この**AEO制度**です。それぞれのしくみは各国異なりますが、その精神・枠組みは同じです。そして、このローリスクグループに属するのが**AEO事業者**（Authorized Economic Operator）です。AEOに承認されると通関上、さまざまなベネフィットが受けられるというわけです。もっといえば、税関手続上、有利に処理されます。もちろん、「有利」の中身については、関税法等に規定されています。また、**各国とAEO制度の相互承認**[*4]がなされ、それぞれの国の審査・検査が軽減されるなど国境を越えてベネフィットが受けられます。

　では、具体的に国はどのような基準でローリスクグループを承認するのでしょうか。これは、関税法に規定されていますが、大雑把にいって、**①コンプライアンスの観点**、**②セキュリティ体制の観点**、**③経験の観点**などから審査し、関税法に基づき**税関長**が承認します。

（2）AEOに承認された事業者

　貿易にかかわるそれぞれの役目を担う事業者とは、どのような事業者なのでしょうか。

　まず荷主である輸入者・輸出者、製造者、通関業務などを代理代行する通関業者、倉庫業者、運送者といった事業者が該当します。これらそれぞれの事業者のうち、コンプライアンスやセキュリティ管理のすぐれた者などに該当する者を、申請により税関長が承認します。具体的な要

※ 4　日本のAEO制度の相互承認は、現在13の国や地域と結ばれています。中でも米国及びEUの2か国と相互承認しているのは、日本だけです。この他、中国、台湾、香港、カナダ、オーストラリア、ニュージーランド、マレーシア、シンガポール、韓国、英国、タイと相互承認がされています（令和5年5月1日現在）。国は、さらに相互承認の相手国の拡大に取り組んでいます。EPA制度とうまく連動するとより効率的な物流が可能になるでしょう。

件は、関税法にそれぞれの事業者ごとに規定されています。

　承認や認定を受けると、特例輸入者、特定輸出者、認定製造者（特定製造貨物輸出者）、認定通関業者、特定保税承認者、特定保税運送者となり、それぞれベネフィットを受けることになります。わが国の AEO 制度の概要については、図1-5を参照してください。

　以下、AEO 事業者の通関にはどのようなベネフィットがあるか、見ていきましょう。

　ここでは、輸出通関と輸入通関の場合をそれぞれお話していきます。

図1-5　日本版 AEO 制度

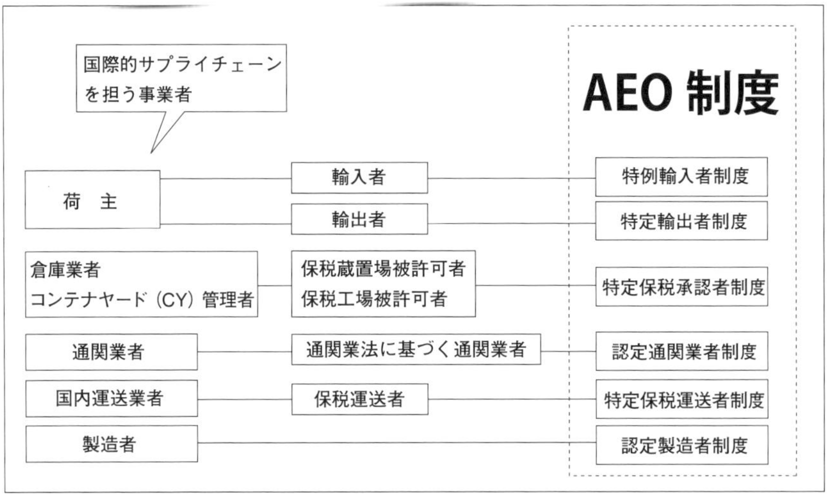

※令和元年11月末日現在、AEO 事業者は、「特定輸出者」と「認定通関業者」、「特定保税承認者」が多く、この三者で全体の約85％を占めます。

（3）輸出通関の場合（一般の通関とAEO事業者による通関）

〈一般の場合〉

　輸出申告は、およそ12年前の2011年9月末日までは、原則として保税地域等に搬入した後でなければできませんでした。しかし、その後日本において長く続いた保税地域搬入主義に大きな変化が生じました。保税地域等に搬入しないでも、輸出申告を行えるようになったのです。

　もっとも、輸出者の倉庫や工場に貨物がある状態で輸出申告を行うことができても、その貨物を**輸出申告後**、原則として**保税地域等に搬入**しなければ税関の審査・検査が受けられず、また、輸出許可も受けることができません。

　なお、輸出申告は、原則として搬入される**保税地域等の所在地を所轄する税関長**に対して行います。

　ところで、輸出申告後、「原則として保税地域等に貨物を搬入しないと」輸出許可までの通関手続きは、できないといいましたが、これには、いくつかの例外があります。その代表的なものが、あらかじめ本船（＝貿易のために本邦と外国の間を往来する船舶＝関税法上の「外国貿易船」）に貨物を積み、その状態で輸出申告から輸出許可までの一連の通関手続きが行える制度があります。これを「**本船扱い**」といい、輸出申告前に**あらかじめ税関長の承認**を受けておく必要があります。

〈AEO事業者の場合〉

　AEOの承認を受けた輸出者である「**特定輸出者**」や通関業者のうち申請によりAEO事業者として認定を受けた「**認定通関業者**」に輸出通関手続を委託した「**特定委託輸出者**」など※5は、輸出通関にあたって

※5　このほか、川上にあたるメーカーである「認定製造者」が製造した貨物を取得して輸出しようとする「特定製造貨物輸出者」も、特定輸出者や特定委託輸出者と同様に保税地域に搬入せずに輸出申告から輸出許可まで受けることができます（関税法67条の3）。

輸出貨物を保税地域に搬入する必要はありません。つまり、輸出者の倉庫や工場で輸出申告を行った後でも、**貨物を移動することなく輸出許可を受けることができます**。しかも、全国にある税関のどこにでも輸出申告ができます。このことからおわかりのように AEO 事業者の場合、保税地域に搬入し、審査・検査を受ける時間がカットされます。また、税関の審査・検査も有利に運びます。これにより、**リードタイム短縮やコスト削減**に役立つというわけです。

ところで、輸出許可を受けた貨物は関税法上「**外国貨物**」となります。

この外国貨物を国内移動（たとえば港や空港までの運送）させるためには、「**保税運送**」の申告を行い、税関長の承認を受ける必要があります。

しかし、AEO 事業者[6]が輸出許可を受けた貨物については、税関長の承認が不要です。具体的には、次の貨物がそうです。

図1-6 輸出通関の原則と AEO 輸出通関

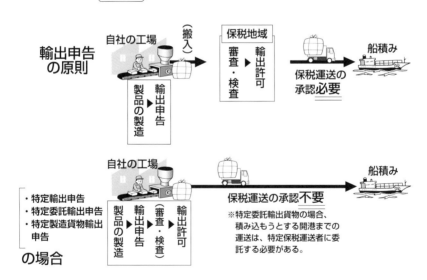

※ 6　特定輸出申告、特定委託輸出申告、特定製造貨物輸出申告により輸出許可を受けた貨物を「特例輸出貨物」と呼んでいます（関税法 30 条 1 項 5 号）。

① 特定輸出申告により輸出許可を受けた貨物

② 特定委託輸出申告により輸出許可を受けた貨物

③ 特定製造貨物輸出申告により輸出許可を受けた貨物

　もっとも認定通関業者に輸出通関を委託した「特定委託輸出者」の場合、運送は、AEO事業者である**特定保税運送者**に委託しなければなりません。

　ここでひとつ注意したいことは、特定委託輸出者は、認定通関業者に輸出通関手続を委託した輸出者であり、輸出者自身は、AEO事業者の承認を受けた者ではないということです。

（4）輸入通関の場合

〈一般の場合〉

　輸入申告の場合は、輸出申告の場合と異なり、**保税地域等に貨物を搬入した後**でなければ行うことができません。保税地域搬入主義がそのまま規定されています。

　貨物を搬入し、そこで審査や検査を受け、納税後、輸入許可がされ、初めて保税地域から搬出できます。

　もっとも、この保税地域搬入主義に対する例外規定も置かれています。

　「当該貨物を保税地域等に入れないで申告をすることにつき、政令で定めるところにより、**税関長の承認**を受けた場合」という規定があります（関税法67条の2第2項1号）。

　この政令で定めた場合というのは、**本船扱い**や**輸入貨物到着即時許可扱い**などのことです。本船扱いとは、輸出通関で説明したものと同様に外国貿易船（本船）に積んだままの状態で輸入申告を行うことです。

　たとえば、小麦や米、りん鉱石、ボーキサイト、マンガン鉱、石炭など本船に積んだまま検査を行うのに支障がなく、保税地域等に搬入させることが不適当と認められる貨物や大量貨物だとか、巨大重量貨物など通関のために保税地域等に搬入させることが輸入者に必要以上の負担をかける場合などに利用されます。

輸入貨物の到着即時許可扱いについては、次の講でお話しましょう。

〈AEO 事業者の場合〉

特例輸入者や認定通関業者に輸入通関を委託した**特例委託輸入者**[7]が**特例申告**を行う場合は、大きくしくみが異なります。

まず、輸入申告と納税申告が別々に行われます。輸入申告は貨物を引き取るための申告なので、**引取申告**と呼ばれ、また納税申告は、一般の場合は輸入申告と同時に行わなければなりません。しかし、特例輸入者などは輸入申告と納税申告を別々に行うことができます。つまり、輸入

図1-7　輸入通関の原則と AEO 輸入通関

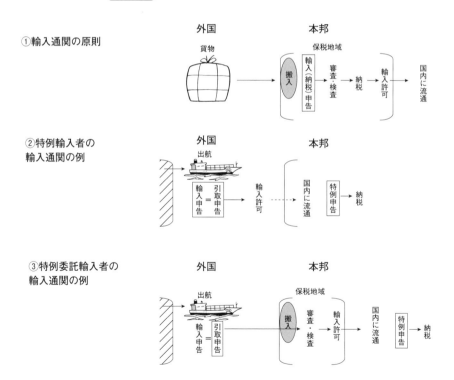

※ 7　特例委託輸入者とは、認定通関業者に輸入通関手続を委託した者です。

申告により輸入許可を受けた後に納税申告をするというしくみです。そして、輸入許可後に行う納税申告のことを**特例申告**といいます。

では、引取申告と特例申告を行うことのできる時期を見てみましょう。

引取申告は、外国貿易船の船長により**積荷に関する事項**が税関に報告された後であれば、貨物が日本に到着する前に行うことができます。この引取申告を行うことにより輸入許可を受けることができます。この場合は、貨物が本邦に到着する前に輸入許可を受けているのですから、到着と同時に貨物を引き取ることが可能です。これは、大変便利なしくみです。

ところで図1-7「輸入通関の原則とAEO輸入通関」の②と③が、AEO通関のしくみです。そのうち②は、特例輸入者が特例申告により輸入通関を行う場合で、先ほど述べたように、本邦に到着する前に輸入許可を受けることが可能な例です。

③は、特例委託輸入者が、特例申告により輸入通関を行う場合です。この場合、輸入（＝引取）申告は、本邦到着前に行うことが可能ですが、貨物が本邦に到着したら保税地域に搬入する必要があります。そこで審査・検査を受け、輸入許可を受けることになります。

次に、特例申告です。特例申告書の**提出期限**は、②の場合も、③の場合も**輸入許可の日の属する月の翌月末日**です。たとえば、2月10日が輸入許可日であれば、翌月の末日、つまり、3月31日が特例申告書の提出期限です。また、同時に税金を納めなければならない**法定納期限**でもあります。

通常は納税→輸入許可なのですが、特例申告の場合、輸入許可→納税となります。しかも、輸入許可の日から1ヵ月以上も納税の猶予がありますから、これはメリットのひとつといえるでしょう。

輸入通関については、もう少し詳しく次の講でお話しましょう。

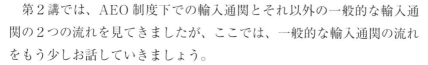

第3講 ◉ 輸入通関の流れを見てみよう

　第2講では、AEO制度下での輸入通関とそれ以外の一般的な輸入通関の2つの流れを見てきましたが、ここでは、一般的な輸入通関の流れをもう少しお話していきましょう。

　輸入申告は、外国から到着した貨物を日本に入れていいのか、よくないのかを税関に判断してもらうために行うものですから、輸入される貨物が日本に到着していなければ行うことはできません。しかも、外国から到着した貨物を税関の取り締まり下にある所に入れてからでないと輸入申告はできません。この税関の取り締まり下にある所というのが「保税地域」と呼ばれる所です。外国貿易船が停泊する港の近くにある倉庫をイメージしていただくとよいでしょう。外国から到着した外国貨物は、外国貿易船から降ろされ、保税地域の一つである倉庫に入れられるのです。

　保税地域は、税関の取り締まり下にある所と言いましたが、たとえば、A倉庫株式会社が自社の倉庫を保税地域の一つである「保税蔵置場」にして海外から到着した貨物を受け入れようとする場合には、税関長に申請をして保税蔵置場の許可を受ける必要があります。許可を受けることにより、A倉庫株式会社の倉庫は外国貨物の蔵置ができるようになり、ビジネスチャンスが広がります。それと同時に税関の監督下に置かれることにもなります。蔵置した貨物についての記帳義務も発生します。

　どうして税関の取り締まり下にある保税地域に、外国貨物を置かなければならないのでしょうか。日本に到着した外国貨物は、輸入許可を受けるまで勝手に利用したり、消費したり、持ち出したりすることはできません。ですから、税関の目が光っている場所である保税地域に入れる必要があります。そして搬入後、初めて輸入申告を行うことができるのです。

　もっとも、例外的に保税地域に入れないで輸入申告することについての税関長の承認制度があります。たとえば、生鮮食料品のように通関を急ぐ必要のあるモノの場合、あらかじめ税関長による**輸入貨物の到着即**

時**許可扱いの承認**※8 を受けていれば、日本到着後、保税地域に入れずに輸入許可を受けることが可能です。

図1-8　保税蔵置場の許可を受ければ外国貨物を置くことができる！

税関長

「保税蔵置場」
の許可申請

「保税蔵置場」
の許可

外国からの貨物
を蔵置（置くこと）
ができる。

A倉庫株式会社

倉主責任※9

記帳義務

※8　輸入貨物の到着即時許可扱いの承認要件は、「輸入申告を電子情報処理組織を使用して行う場合（当該輸入申告に係る輸入貨物が本邦に迅速に引き取られる必要があり、かつ、当該輸入貨物の性質その他の事情を勘案して取締上支障がないと認められる場合に限る。）」と規定されています（関税法施行令59条の4第1項3号）。
※9　「倉主責任」とは、たとえば保税蔵置場で盗難が起きた場合、盗難に遭った貨物に係る関税等を保税蔵置場の許可を受けた者が納税する義務を負いますが、この関税負担の義務をいいます。

　この承認は、船舶貨物、航空貨物のいずれの場合にも受けることができます。この場合、貨物の到着前に書類の審査を税関に受けておく必要があります。ところで、この輸入貨物の到着即時許可扱いの承認を受けたものについては、NACCS[10]（ナックス：輸出入・港湾関連情報処理システム）を利用して輸入（納税）申告を行わなければなりません。

　こうして貨物が本邦に到着し、税関の確認を受けることにより、輸入許可を「即時」に受けることができるのです。

　さて、原則に戻ります。保税地域に入れられた後、輸入申告が行われますが、同時に納税申告も行われるのが原則です。ですからマニュアルの、つまり手書きの申告書の表題は、「輸入（納税）申告書」となって

図1-9　輸入許可で無事「関所」を通過！

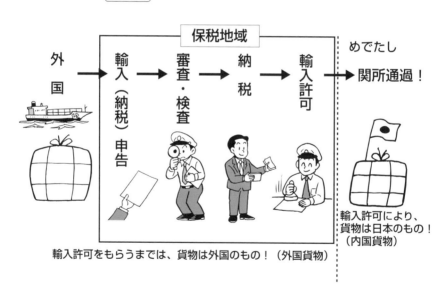

※10　NACCSは、「輸出入・港湾関連情報処理センター株式会社」が運用しているもので、貿易通関手続のほか、港湾・空港における国際物流をも統合的に管理しているシステムです。

いるのです。

　輸入申告と納税申告は、別ものですが、先にお話したとおり、同時に行われるのが原則です。

　輸入（納税）申告が行われますと、税関は「書類の審査」、「貨物の検査」を行います。この検査は税関長の指定した場所で行われます。もしも指定地外で検査を受ける場合には、「**指定地外検査の許可**」を税関長から受けなければなりません。

　審査、検査で何も問題がなく、また関税、消費税、地方消費税などが納付されていれば、税関長は、輸入許可をします。「**外国貨物**」とされていたものが輸入許可により、関税法上「**内国貨物**」となり、税関の取り締まり下から解放されることになります。したがって、保税地域から搬出し、日本の市場を自由に流通させることが可能な状態になるのです。輸入者にとってみれば、これで無事、関所を通過したことになります。

▶▶ コラム

金地金の密輸

　金の密輸事件が一時期急増した時代がありました。税関は、水際で取り締まりを強化し、摘発数も増えていました。しかし、当時それはまだ氷山の一角に過ぎず、その多くが反社会勢力の資金源になっていたと言われています。

　金地金の輸入の場合は、関税は無税ですが、消費税や地方消費税は、課税されます。税率はご存知の通り、消費税と地方消費税を合わせ10％ですから、輸入（納税）申告せずに密輸すれば、10％の消費税を不正に免れることができます。例えば、1億円の金の場合、

税関のポスター

１千万円の消費税が課されます。しかし、密輸すれば１千万円を納付せずにすみます。密輸した金地金を国内の貴金属商に売却すると、貴金属商は、金地金の１億円と消費税１千万円で購入します。密輸者は、輸入時に消費税を不正に免れていますから、消費税分の１千万円を稼ぐことができます。密輸者にとってみれば、おいしい話です。しかし、このようなことが許せるはずがありません。

　税関の取り締まりだけではなく、関税法の罰則規定も厳罰化されました。

　この無許可輸入については、「５年以下の懲役若しくは、１千万円以下の罰金に処し、又はこれを併科する。」としています。また、ただし書きでは、金地金の価格の５倍が１千万円を超えるときは、罰金は、金地金の価格の５倍以下とする。」と規定されています。したがって、１億円の金地金の場合、５倍の５億円まで罰金を科すことができます。このように厳罰化することにより、この手の密輸事件は減少の一途をたどり、密輸の意欲を削ぐことに成功しました。

第4講 ◉ 輸入が許可されない場合とは？

輸入が許可されない場合というのは、4つのパターンに分けられます。

> ①関税法[※11]に定められている「**輸入してはならない貨物**」の輸入の
> 場合
> ②輸入に関し**他法令による許可、承認**などが必要であるにもかかわら
> ず、許可、承認などを受けていない場合
> ③輸入貨物に**原産地**について**偽った表示や誤認を生じさせる表示**があ
> る場合
> ④関税、消費税、地方消費税などが**納付されていない場合**

これらについて一つひとつ説明していきましょう。

（1）輸入してはならない貨物

輸入してはならない貨物の代表は「麻薬類」や「拳銃」などの武器です。

「あんた、"運び屋"したら人生終わりやで！」という税関の標語をご覧になったことはありますか。さらに、この標語と並んで「不正薬物の"運び屋"は重大な犯罪です。」と記されています。これは、近年、何も知らずに不正薬物の運び屋に仕立てられ、税関に摘発される例が散見されることから、海外渡航者に対して注意を呼びかけたものです。たとえば、「この荷物をAさんに届けてくれ」と海外で依頼され、日本に持ち帰ったところ、中は麻薬だったということもあります。それこそ「知らなかった」では済まされない話です。

ところで、これらが絶対的な輸入してはならない貨物かというと、そ

※11　長い間、輸入してはならない貨物に関する規定は、関税定率法で定められていましたが、平成18（2006）年6月1日より関税法に移りました。同時に「輸出してはならない貨物」の規定も、関税法に新設されました。

図1-10 「輸入してはならない貨物」ってなに？

けん銃・小銃・
機関銃など

通貨または有価証券の偽造品、変造品、
模造品、偽造クレジットカード等の原板
（いわゆる「生カード」）

麻薬・向精神薬・
大麻・あへん・
けしがら・覚醒剤
など

公安または風俗
を害すべき書籍、
図画、彫刻物や
児童ポルノなど

爆発物、火薬類、
化学兵器の製造に
使われるおそれの高い
物質など

※特許権、実用新案権、
意匠権、商標権、
著作権、著作隣接権、
回路配置利用権、
又は育成者権を
侵害する物品

※不正競争防止法に規定する
不正競争行為を組成する物品

※これらは業として輸入する場合に適用されるが、意匠権、商標権につい
ては、個人使用を目的とする場合も適用されます。

● このほか、偽造された印紙や切手、感染症予防法に規定する生物テロに使
用されるおそれのある病原体も「輸入してはならない貨物」です。

うではありません。大学の研究室や医療機関などが麻薬類を使用した研究や治療を行うことは、法律で認められています。事実、がんの疼痛治療にモルヒネが使用されています。また警察、海上保安庁、防衛関連等の組織では、法律により拳銃などの武器の使用や所持が認められています。このことから一定の者が輸入する場合には、一定の条件下に輸入が認められます。

また、「郵便切手の模造品」、「印紙の模造品」、「偽札」、「ポルノ雑誌類」、「知的財産権を侵害した物品」等も、「**輸入してはならない貨物**」と定められています。

ただし、「郵便切手の模造品」については、郵便切手類模造等取締法によって総務大臣の許可を受けて輸入する場合、あるいは、「印紙の模造品」については、印紙等模造取締法により、財務大臣の許可を受けて輸入する場合は、除かれます。

ところで、「**ポルノ類**」は、輸入してはならない貨物と言いましたが、正確には「風俗を害すべき書籍、図画、彫刻物その他の物品」に該当するものと、「児童ポルノ」に該当するものがあります。もし、これらに該当する貨物であると税関長が認めても、これについては直ちに没収、廃棄をするのではなく、輸入者にその旨を**通知**することになっています。

通知を受けた輸入者は、不服がある場合には税関長に対し**再調査の請求**をすることができます。もっとも、通知した税関長に再調査の請求をしても、結論がひっくり返るようなことは少ないでしょう。

税関長の再調査の請求の決定になお不服がある場合には、財務大臣に対し**審査請求**をすることができます。あるいは、税関長への再調査の請求をせず、直接、財務大臣に審査請求もできます。審査請求を受けた財務大臣は、公平性を確保するため指名した審理員に審理させ、審理員意見書を受け、さらに例外を除き「**関税等不服審査会**」に**諮問**する必要があります。諮問とは、意見を聞くということで、諮問機関（関税等不服審査会）の答申には、法的拘束力はありません。

ですから「関税等不服審査会」が裁決をするのではなく、財務大臣が

図1-11 「風俗を害すべき書籍」と通知があったとき

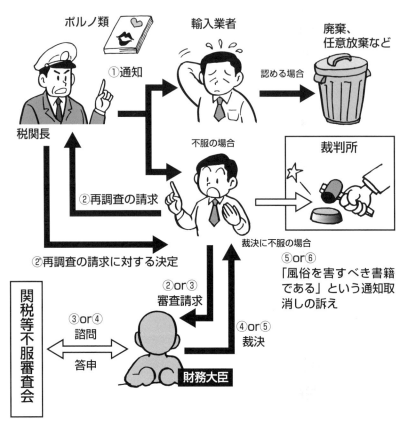

① 税関長が、輸入業者に「風俗を害すべき書籍である」又は「児童ポルノ」に該当すると通知。

②or③ 不服がある場合、輸入業者は税関長に再調査の請求をするか、もしくは直接、財務大臣に審査請求をする。

また、税関長に再調査の請求をした場合で、再調査の請求に対する決定に不服がある場合には、さらに財務大臣に審査請求できる。

③or④ 財務大臣は「関税等不服審査会」に諮問する。

④or⑤ 「関税等不服審査会」の答申を受け、財務大臣は審査請求に対する裁決を行う。

⑤or⑥ 輸入業者は、財務大臣の請求に対する裁決に不服がある場合には、裁判所に「風俗を害すべき書籍である」という通知の取消しの訴えをする。

意見を聞き、これを参考にして裁決するということです。財務大臣は、どのような案件でも原則として審査請求を受けて「関税等不服審査会」に諮問しなければなりません。

ところで、この通知の取消しを裁判所にいきなり訴えることはできません[12]。財務大臣の裁決をまずもらってから、その上で訴えるかどうかを判断しなさい、としています。専門技術的な争いの場合、専門家である行政機関にまず判断してもらった方が裁判が効率的に行えるからです。

なお、通知に不服がない場合には、廃棄、任意放棄、自主的に当該箇所を修正又は削除して輸入申告を行う、などができます。

次に、知的財産権侵害物品とは、いわゆる海賊版の商品やコピー商品をイメージしていただくとよいでしょう。

商標権、著作権、著作隣接権、特許権などを侵害している貨物は、輸

図1-12　育成者権侵害とは？

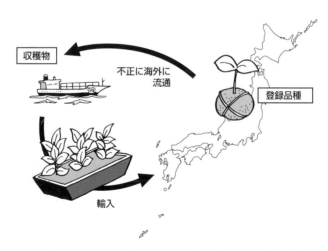

※12　財務大臣の審査請求に対する裁決を経なければ税関長の処分の取消訴訟ができない場合には、このほか、関税の確定もしくは、徴収に関する処分又は滞納処分の取消しの訴えなどがあります。それ以外の取消訴訟は、審査請求をしないで、直接裁判所に提起可能です。

入してはならない貨物です。この中で「育成者権」という聞き慣れない
ものがありますね。これは、種苗法（しゅびょうほう）に規定されている権利で、植物の品
種改良によって新たな品種を改良した場合、その品種について登録をす
ることにより発生する知的財産権のひとつなのです。

　この登録品種を海外に不正に流出させ、育成して収穫した物を日本に
輸入しようとした場合、その収穫物は**育成者権侵害物品**[※13] として取り
締まりの対象になります。特にバラなどの栄養繁殖の植物は、育成者権
を侵されやすいといいます。

　何年か前のことですが、あるテレビ局の通販番組で販売したグッチ、
プラダといったブランド商品が、実はニセモノであったという前代未聞
の事件がありました。テレビ局が大阪の並行輸入業者から仕入れた商品
で、それまでにかなり複雑な流通ルートをたどってきたようです。

　テレビ局は、「きちんと税関長の『輸入許可書』があるので、正規の
商品と信じて疑わなかった」と主張したと報じられています。またテレ
ビ局のみならずこの商品の流通にかかわった業者も同様に主張したと伝
えられています。

※ 13　熊本県の特産のイグサ「ひのみどり」の海賊版を使用した畳表（たたみおもて）が中国で生産
　　　され輸入されていたことから、「ひのみどり」の育成者権者である熊本県は、全
　　　国の税関に「輸入差止申し立て」手続を行いました。そして、平成 15（2003）
　　　年 12 月にこの差止めが認められました。決め手は DNA 鑑定でした。また、平
　　　成 17（2005）年には山形県が育成者権に基づき、さくらんぼ品種「紅 秀 峰（べにしゅうほう）」の
　　　輸入差止申し立てを行いました。この事件は、日本に輸出しようとしたオースト
　　　ラリア人と山形県との間で和解が成立し、日本に輸出しないとの合意が成立し、
　　　日本には輸入されずにすみました。

しかし残念ながら、税関は輸入品が本物かニセモノかを判定するところではありません。

税関は、権利者から「**輸入差止申し立て**」があった場合や、税関において「**侵害物品の疑い**」があると判断されるものについてのみ白か黒かを判断する**認定手続**を行い、「黒」と判定した場合には没収・廃棄を行います。この事件でも、グッチやプラダの商品が明らかにニセモノとわかっていれば、税関は「黒」と認定し、没収・廃棄したでしょう。しかしすべての輸入品について認定手続を行うわけではありません。税関の輸入許可は、ニセモノではなく真正品だという証明にはならないのです。

なお、黒と認定されたことに対し、輸入者に不服がある場合には、もちろん不服申し立てを行うことができます。

また、不正競争防止法に規定する「不正競争行為を組成する物品」も輸入してはならない貨物です。対象となるものには、①周知表示[14]との混同を惹起させる物品、②著名表示冒用[15]がされている物品、③商品形態模倣品[16]、④視聴等機器技術的制限無効化行為及び⑤視聴等機器技術的制限特定無効化行為[17]、⑥営業秘密不正使用行為を組成する物品があります。

これらは他人の信用力を利用した「ただ乗り」物品であり、不正競争防止法で規制しています。他者が育ててきた表示を多少変えて、あるい

※14 周知表示とは、ある地域などで需要者の間に広く認識されている表示で出所識別力がある表示をいいます。こうした表示やそれに類似する表示を無断で使用した物品が輸入されると、消費者が混同してしまいます。その結果、周知表示を使用している者は、営業上の利益を害されてしまいます。
※15 著名表示とは、たとえばルイ・ヴィトンやエルメスといった万人が知っている表示です。
※16 商品形態模倣行為は、文字通り商品の形をまねることをいいます。まねられた者は、営業上の利益を侵されることになります。
※17 ④技術的制限無効化行為や⑤技術的制限特定無効化行為を組成する物品とは、具体的には、DVDを無断でコピーすることのできる機器や衛星放送等に無断でアクセスできるような機器をいいます。

はそのままで使用した物品は、所詮はニセモノです。あたかも本物のような顔をして人をだまそうとしているのです。そのようなニセモノが世に出ることは、ビジネス上の公正な競争を阻害し、国民経済の健全な発展を妨げます。

　その昔は、不正競争行為を組成する物品は、水際^{みずぎわ}で取り締まることができませんでした。もちろん、国内では不正競争防止法に基づき差止めや損害賠償などの措置を講じることはできましたが、最も重要なことは、このような物品が日本に入る前に阻止しなければならないということです。有名な例でX社という著名なブランドが表示されたハンドルカバーの話があります。このブランドは商標権を有していましたが、ハンドルカバーにはその権利が及ばなかったため、当時、X社以外の者が輸入

図1-13　認定手続の概略図

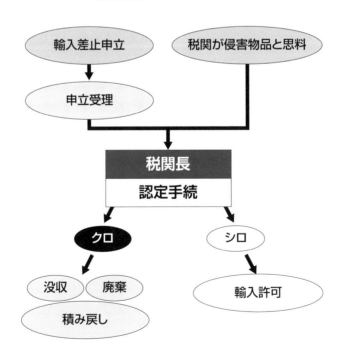

した場合でも水際で直接取り締まることが難しかったのです。

　不正競争行為を組成する物品が輸入することのできない物品になったことから、このような著名表示冒用物品等を水際で取り締まることができるようになったのです。

（２）他法令の許可、承認などのない貨物

　通関の世界では、関税法、関税定率法、関税暫定措置法など関税に関する法律以外の法律のことを「**他法令**」といっています。たとえば、「外国為替及び外国貿易法」（通称「外為法」）、その政令である「輸入貿易管理令」（通称「輸入令」）、「食品衛生法」、「植物検疫法」、「家畜伝染病予防法」、「医薬品医療機器等法」などがここでいう「他法令」です。他法令によって許可、承認その他の行政機関の処分などを必要とする貨物は、輸入申告までにこれらを取得し、輸入申告の際に取得していることを証明しなければなりません。これがないと、輸入が許可されません。

　一例を挙げると外国から「積み木」を輸入する場合、食品衛生法に基づく規制があります。「積み木」と「食品衛生法」って、ちょっと結びつかないと思われるかも知れませんね。「積み木」は、幼児の遊び道具です。ときには、「積み木」をなめることもあるでしょう。もし、「積み木」に塗られていた塗料が有害物質であったら、幼児の健康にかかわります。そんなことから「**食品衛生法 27 条**」の規制対象になっているのです。食品衛生法 27 条には、販売の用に供し、又は営業上使用する食品、添加物、器具又は容器包装を輸入しようとする者は、その都度厚生労働大臣に届け出なければならないと規定されています。つまり、具体的には、「積み木」を販売するために輸入するには、厚生労働省の検疫所（東京であったら東京検疫所食品監視課）に使用目的、数量、成分などを報告し確認を受け、確認済みの「食品等輸入届出書」を取得しなければなりません。

　そしてこの手続を行った上で、税関長に輸入申告を行います。

　食品衛生法 27 条に基づく手続を行わずに輸入申告を行った場合で、後から「食品等輸入届出書」を検疫所に提出して確認を受けることを条件に、税関長が輸入許可をしたりすることはあり得ません。

　また、穀物、野菜、果実などについては、植物検疫法に基づき、食肉や食肉製品については、家畜伝染病予防法に基づき、まず、それぞれ農林水産省の検疫を受け、そののちに「食品等輸入届出書」を厚生労働省の検疫所に提出し、確認を受けたのちに、税関に輸入（納税）申告を行います。

表 1 -14　海外から食品を輸入する場合の流れ

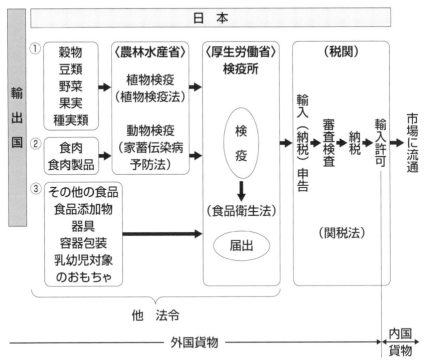

（厚生労働省東京検疫所ホームページより加工）

関税法 70 条 1 項には、

「他の法令の規定により輸出又は輸入に関して許可、承認その他の行政機関の処分又はこれに準ずるものを必要とする貨物については、輸出申告又は輸入申告の際、当該許可、承認などを受けている旨を税関に証明しなければならない。」

とあります。輸入に限らず輸出の場合も同様ですが、許可などを受けていることを申告の際に**証明**しなければならないのです。

ところで、条文に「行政機関の処分」とありますが、「行政機関」とは、具体的に何をさすのでしょうか。国ですか、省庁ですか、税関長ですか、税関職員ですか。この辺のことを理解していないと、整理がつかなくなります。国や地方公共団体は、自己の名と責任をもって行政を行う団体ですが、自ら具体的な行動は行うことができません。そこで、法律により具体的な職務を担う機関が定められています。この機関のことを「行政機関」といいます。具体的には、財務大臣、税関長などがそうです。また、国や地方公共団体のことを「行政主体」と呼んでいます。

つまり行政主体の手足となって実際に職務を行う機関が、行政機関なのです。

さて、他法令の許可や承認を必要としているのに、実質的にはほとんど許可や承認などの処分を受けられない物品もあります。「フロンガス」と「ワシントン条約で輸入が規制される希少動植物」をめぐる事件から、このことを見てみましょう。

「フロンガス」

カーエアコン用のフロンガス「フロン 12」6 トンを絵の具と偽って輸入しようとした住所不定の輸入雑貨業者が東京税関と警視庁生活経済課に逮捕された事件がありました。

フロンガスはご存じのように地球のオゾン層を破壊する有害物質で、日本では「**モントリオール議定書**」に基づき、外為法・輸入貿易管理令により輸入が規制されています。これを輸入する場合には、経済産業大

図1-15　フロンガスはオゾン層を破壊する有害物質

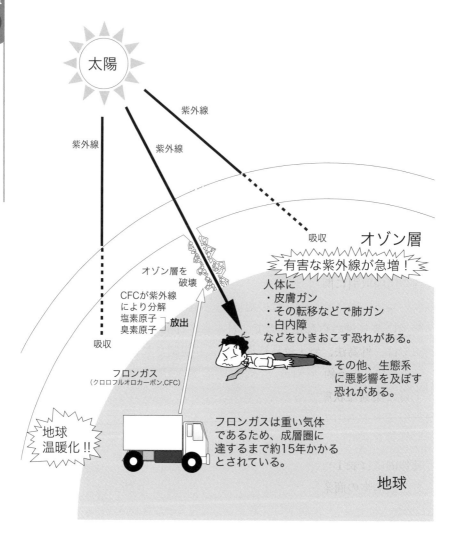

太陽

紫外線

紫外線　　紫外線

吸収　　オゾン層

オゾン層を
破壊

CFCが紫外線
により分解
塩素原子 ┐
臭素原子 ┘放出

吸収

フロンガス
（クロロフルオロカーボン,CFC）

有害な紫外線が急増！
人体に
・皮膚ガン
・その転移などで肺ガン
・白内障
などをひきおこす恐れがある。

その他、生態系
に悪影響を及ぼす
恐れがある。

フロンガスは重い気体
であるため、成層圏に
達するまで約15年かかる
とされている。

地球
温暖化！！

地球

臣の「**輸入割当**」を受けた後にさらに経済産業大臣の「**輸入承認**」が必要です。この手続を経た後でないと税関長への輸入申告はできません。

　このようにお話すると、「輸入承認」を得れば、輸入できると思うかも知れませんが、事実上、その輸入は禁止されています。このような事情から、偽って輸入したり、コンテナなどに隠蔽して不正に輸入したりすることを企てる者がおり、税関に摘発され、検察に告発される事例があります。

　このほかにも「フロン 12」を中国からコンテナで積み込み、建築用の足場と偽って輸入し、２億６千万円の売上げを上げていた大阪の業者が大阪府警に逮捕されるという事件等もありました。

「ワシントン条約」

ワシントン条約（CITES[18]）とは、「絶滅のおそれのある野生動植物の種の国際取引に関する条約」です。これは、野生動植物の過度の商業取引によって野生動植物がこの地球上から絶滅するのを防止するために国際的に取り決められたもので、日本は、1980 年に批准しました。国内法では、外為法、輸入貿易管理令により規制されています。

　ところでこの条約では規制される野生動植物を３つに分類しています。

　①現に深刻な状態にあるもの（**附属書Ⅰ**）、②取引を規制しないと絶滅のおそれがあるもの（**附属書Ⅱ**）、③各国が自国の事情により他国の協力を得て取引を規制して保存を図りたいもの（**附属書Ⅲ**）の３つです。

　具体的には表 1-16 の通りですが、このうち附属書Ⅰに掲げられている野生動植物の商業取引は禁止されています。学術研究などの非商業取

※ 18 「Convention on International Trade in Endangered Species of Wild Fauna and Flora」の略です。
● 各税関の展示室では、ワシントン条約で規制されている物品や輸入してはならない貨物などが展示されています。このほか税関の歴史なども見ることができます。詳しくは各税関のホームページを見てください。税関によってはホームページで展示室を紹介しているところもあります。

表1-16　ワシントン条約により商業取引が規制されている動物の例

	附属書Ⅰ	附属書Ⅱ	附属書Ⅲ
附属書に掲げる基準	絶滅のおそれのある種で取引による影響を受けている又は受けるおそれのあるもの	現在は必ずしも絶滅のおそれはないが、取引を規制しなければ絶滅のおそれのあるもの	締約国が自国内の保護のため、他の締約国・地域の協力を必要とするもの
対象種(例)	オランウータン、スローロリス、ゴリラ、アジアアロワナ、ジャイアントパンダ、ガビアルモドキ、ウミガメ、木香など	ホッキョクグマ、カメレオン類、ライオン、ピラルク、サンゴ、サボテン、ラン、トウダイグサなど	セイウチ（カナダ）、アジアスイギュウ（ネパール）、タイリクイタチ（インド）、サンゴ（中国）など

（経済産業省ホームページ等より）

● たとえば強壮剤、漢方薬の原材料としてトラの骨やサイの角、ツキノワグマの胆のう等が使用されている場合には、その漢方薬はワシントン条約により規制されます。

東京税関の展示室で、ワシントン条約の規制動物の標本などを実際に見ることができます。

（画像提供　東京税関）

引に限り輸入することが可能です。もっとも、商業取引であっても、条約締結前や附属書Ⅰに掲げられる前に取得したものは例外的に輸入ができます。いずれにせよ、経済産業大臣の輸入承認が必要です。ワシントン条約加盟国を原産地とする附属書Ⅱ及びⅢについては商業取引は可能で、**輸出国の輸出許可書等**があれば輸入ができます。非加盟国のものは、経済産業大臣の輸入承認が必要です。

　ここで注意しなければならないのは、ワシントン条約で規制されている野生動植物は、関税法で定めている輸入してはならない貨物ではないという点です。これらの野生動植物は外為法、輸入貿易管理令により輸入が規制されています。いわゆる「他法令」によって規制されているわけです。

　最近のワシントン条約該当物品の輸入差止等の事例を見ると、ジャコウ、木香、天麻等を成分とした漢方薬、規制されているワニやヘビの皮革製品等や、ランやサボテン等の植物が差し止められています。

　一方、ワシントン条約で規制する野生動植物の密輸事件もかなり頻繁に起きています。

　神戸市のペット業者は、インドネシアからワシントン条約で規制されているワニの一種である「マレーガビアル」や、ヘビや亀など110匹をダンボールに入れて無申告で持ち込もうとしました。しかし、税関の行

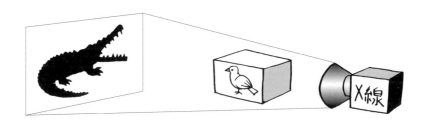

ったＸ線検査により見破られてしまいました。その他、ワシントン条約で規制される動植物を体にくくりつけて密輸しようとする例もあります。これらは、申告しても輸入が許可されないことを知って犯行に及んでいることがほとんどだと思われます。

　ところで、ワシントン条約に該当する物品についての輸入通関は、ワシントン条約の水際取り締まりを確実に行うために設置された専門の職員のいる税関官署に限られています。

　これは、特例申告を行う場合でも同様です。

（３）原産地表示が偽っていたり誤認を生じさせるものである場合

　国内で販売されている食料品や衣類などで、品質表示ラベルを見ると、「原産地○○国」と書かれているのをよく目にします。私たちの生活はさまざまな種類の外国製品に囲まれ、支えられていると言っても大げさではありません。

　「**原産地**」とはその製品が生産・製造された国や地域のことですが、関税法では輸入品に原産地表示義務を課していません。ですから貨物に

図1-17　原産地表示が偽っていたり、誤認を生じさせたりするときには？

原産地が書かれていなくても、輸入許可がされないということはありません。問題となるのは、原産地について虚偽表示がされていた場合や、誤認を生じるような表示がされていた場合です。これは、貨物自体に直接表示されていた場合も、貨物の包装、梱包に間接的に表示されていた場合も、輸入は許可されません。

でも、このような場合には、その表示を消すか、訂正すれば輸入することができます。また、関税法上貨物をそのまま送り返してしまう「積戻_{つみ}し_{もど}※19」も選択できます。ただしこの場合は、外為法及びその政令である輸出貿易管理令により、規制があります。

▶▶ コラム

　ワシントン条約の規制対象であるワニ目の皮、脇腹などのいわゆるワニ皮を輸出入する場合、違法取引の防止や資源管理の観点から、ワニ皮追跡可能性（トレーサビリテイ）確保のために、原産国で識別情報を付したタグを添付する勧告が、ワシントン条約で決議されました。また、たとえば、日本でワニ皮を輸入し加工して再輸出する際にタグが外れた場合は、再輸出国が発行したタグを添付できることも決議されました。実施は、加盟国の裁量に任されているということですが、日本では2019年10月からこの制度導入しました。これにより、識別情報のタグが取り付けられていないワニ皮の輸入や染色などを施した加工品の輸出は、税関で差止られ、輸出入の許可が受けられなくなりました。原タグが外れた場合などは、経済産業省に申請することにより再発行がされます。

※19　「積戻し」とは、外国貨物を外国に送り出すことを意味します。

（4）関税、消費税、地方消費税などが納付されていない場合

　輸入時に税金が徴収されることはすでにお話しましたが、通常の貨物では具体的には関税のほかに、消費税、地方消費税が課税されます。酒類の場合には、このほか酒税が、たばこの輸入の場合には、たばこ税がさらにかかります。これらの税金を納付しないと輸入許可はされません。

　一時代前、関税などを納めるときには納付書に現金や小切手を添えて銀行に出向いたものでした。銀行の窓口は、午後3時に閉じるところが多く、通関業者は時間に追われ大変でした。

　えっ、なんで通関業者が関税を納めるの？と思う方もいらっしゃるでしょう。だって、本来は輸入者が納付すべきものではないか…と。

　その通りです。通常、関税などを支払う義務（納税義務）があるのは

図1-18　関税、消費税、地方消費税などが納付されないと輸入許可が受けられない？

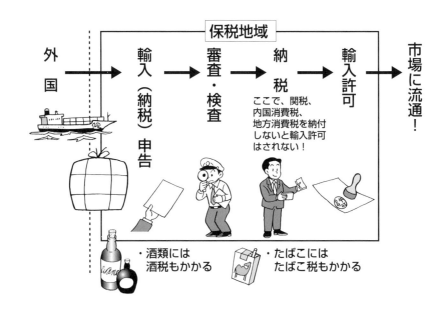

輸入者です。なぜ通関業者が納付するかというと、実は通関業者が輸入者のために**立替払い**をしているのです。国（税関）からしてみれば、誰が払おうと決められた税金が納められれば問題はありません。関税法で、「通関業者は委託を受けた輸入者の貨物にかかる税金を立て替えなければならない」なんていう規定はありません。

　これは、通関業者と荷主（輸入者）との間の取決め（契約）でそうなっているもので、関税法とは関係のないシステムです。

　さて、現在はNACCSセンター（輸出入・港湾関連情報処理センター株式会社）の輸出入・港湾関連情報処理システム（NACCS[20]）を利用し輸入申告を行うことがほとんどです。これは、国際物流システムの一大プラットホームで、国際物流に関する手続等が一元化され、すべてが迅速に処理される機能を備えています。

　ところで、関税法などは、このIT時代を背景にして作られた法律ではありません。したがってこのシステムを利用する場合は、関税法などの特別法がどうしても必要になります。つまり、関税法は「輸入（納税）申告は申告書に書いて税関の窓口に提出すること」を前提として、規定されているからです。コンピュータの端末機でキーを打って輸入（納税）申告をするなどと規定していません。そこで登場したのが「電子情報処理組織による輸出入等関連業務の処理等に関する法律」という法律なんです。法律名がちょっと長いので、通称「**NACCS法**」と呼んでいます。

　また、この法律では、電子情報処理組織を使用して行う申請や税関の処分等は、情報通信技術活用法の規定を適用するとしています。これらの法律により、このシステムを使って関税の納付を口座振替により行うことができます。

　ここからが重要なところです。

　口座振替の方法による場合、通関業者が指定した金融機関に（いくらいくらの関税を納めよという）「**納付書**」を税関がNACCSで送付した時に（実際に関税が振り替えられていないが）関税を納めたものとみな

※20　Nippon Automated Cargo And Port Consolidated System の略です。

図 1-19　NACCS（輸出入・港湾関連情報処理システム）は
国際物流システムのプラットホームだ

NACCS
（航空）

保税蔵置場業務
貨物搬入出についての税関手続
貨物の在庫管理
貨物保管料等の計算（航空のみ）　など

NACCS
（海上）

航空会社業務
入出港についての税関、入管及び検疫手続
航空貨物についての税関手続
着払貨物の運賃情報管理　など

税関業務
輸出入申告等の受理、許可・承認の通知
各種申請等の受理　など

海貨業務
NVOCC 業務
※
バンニング情報の登録など、物流についての手続、混載貨物についての手続　など

機用品業務
貨物の搬出入についての税関手続
機用品の在庫確認

通関業務
輸出入通関のための税関手続
取扱手数料等の請求書作成
保税蔵置場に対する搬出の予約（航空のみ）　など

船会社業務
船舶代理店業務
入出港についての税関等港湾関係省庁手続
とん税等納付申告
積荷目録提出、船積確認についての関税手続　など

混載業務
混載貨物についての税関手続
混載業務の情報管理
着払貨物の運賃情報管理　など

荷主業務
船積指図やインボイスの登録業務　など

CY 業務
※バンプール業務
コンテナ積卸し、搬出についての税関手続
コンテナの管理

航空貨物代理店業務
保税蔵置場に対する搬入伝票の作成

銀行業務
関税等の口座振替による領収

※バンニングとは、コンテナ内に貨物を詰め込む作業のことです。なお、コンテナ内の貨物を取り出す作業をデバンニングといいます。

損害保険業務
輸入申告などで使用する包括保険料指数についての手続など

※バンプールとは空コンテナ置き場のことです。

関係行政機関業務
輸出入関連手続の受理・許可・承認の通知など
入出港関連手続の受理・許可の通知

管理統計資料
入力された情報をもとに各種の管理統計資料を作成、提供

（輸出入・港湾関連情報処理センター株式会社ホームページより）

して輸入許可がされます。このような規定により輸入通関の合理化、迅速化が図られているわけです。

　もちろん関税を納めていないのですから「輸入許可の日」から「実際に関税が振り込まれる日」までは延滞していることになります。そうすると延滞税という問題が出てきます。しかし法律は、決められた納付期日までに振り替えられれば、その納付は納付書の送付の日にさかのぼって行われたものとするとしています。したがって、法律上は、輸入許可前に納付されたことになり、延滞税の問題は起きないということになるのです。

図1-20 通関業者と輸入者の間の取決め

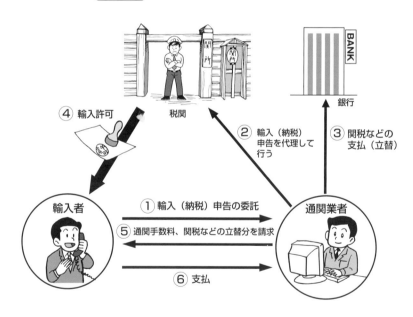

　ところで、NACCSと税関のCIS（通関情報総合判定システム）がネットワークで結ばれています。CISには、NACCSで処理された輸出入申告等の実績、検査結果、事後調査の結果等の情報が蓄積されています。この情報は、ハイリスク貨物や要注意人物等の選定に役立っています。

図1-21 NACCS（輸出入・港湾関連情報処理システム）を利用して関税などの納付がされている

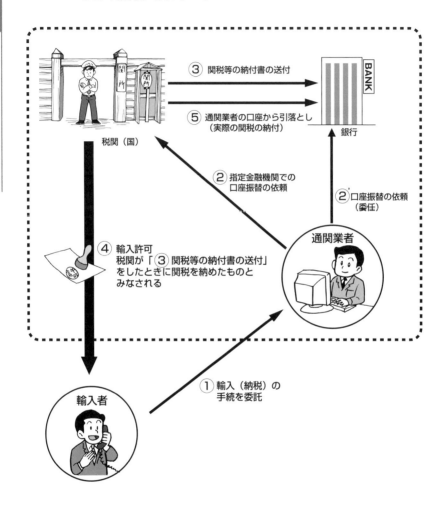

③ 関税等の納付書の送付

⑤ 通関業者の口座から引落とし
（実際の関税の納付）

税関（国）

② 指定金融機関での
口座振替の依頼

②' 口座振替の依頼
（委任）

通関業者

④ 輸入許可
税関が「③ 関税等の納付書の送付」
をしたときに関税を納めたものと
みなされる

① 輸入（納税）の
手続を委託

輸入者

BANK

銀行

┊┄┄┄┄┊ は、NACCS（輸出入・港湾関連情報処理システム）が機能しています。

第5講 ◉ 二つの「例外」とは？

「輸入許可が受けられない場合の4つのパターン」（☞ p31）の④で、関税などの税金が納付されていないと輸入は許可されないと述べましたが、これには二つの例外があります。

例外1　**納期限が延長**されている場合

例外2　**特例申告**をする場合

これら例外の一つ、「納期限が延長されている場合」というのは、輸入貨物の関税の支払を輸入許可の日などから最長**3ヵ月間**、猶予を受けた場合のことです。輸入者は、資金に余裕がある場合は別として、輸入貨物を売ってその儲けたお金で関税を支払いたいと考えるのが通常です。このような場合、税関長に、儲けたお金で関税を支払うから3ヵ月関税の支払を待ってくれ、と申請するのです。もちろん3ヵ月の猶予期間に対する利息はかかりません。ただし延長する場合には、何らかの**担保の提供**が必要です。たとえば国債、地方債、土地、建物などの担保を提供することが必要なのです。一方、この制度を利用しないで関税などの支払に要するお金を銀行から借りた場合には、金利がかかります。しかし、今述べたように納期限の延長制度を利用すれば、金利はいっさいかかりません。輸入者にとっては大変ありがたい制度です。

次にすでにお話したAEO制度のひとつである「特例申告制度を利用した場合」です。いく度かの改正があり、現在のようなしくみになっています。基本的な形は、すでに話したとおり、図1-22のように輸入申告（＝引取申告）と納税申告を分けて二段階方式にするものです。通常は、輸入申告と納税申告を一緒に行うことになっていますが、この場合納税申告は、輸入許可の後になります。この納税申告を「**特例申告**」というわけです。

　この特例申告は、輸入許可の日の属する月の翌月末日までに行い、関
税などを納付すればよいのです。図1-22の例のように、9月10日に
輸入許可を受けた場合には、10月31日までに納税手続を済ませればよ
いのです。さらにこの場合にも、納期限の延長を行うことができます。
延長は最長2ヵ月です。

　この制度を利用する限り、関税などの輸入税を納付しないでも輸入許
可を受けられるわけです。それだけ関税などの税金の支払の猶予を受け
られることにもなります。

　なぜこのような制度を設けたのかといいますと、通関手続の迅速化、
効率化を図るためです。すでに欧米ではこのような制度を設けており、
わが国では導入するにあたりこれらの国の制度を調査しました。そして、
結論として欧州型を採用するに至ったのです。

　この方法ですと、第一段階の輸入（引取申告）の時点では貨物の引取
りに必要な事項だけを申告すればよいですから、申告内容もそれに対応

図1-22　特例申告のしくみ

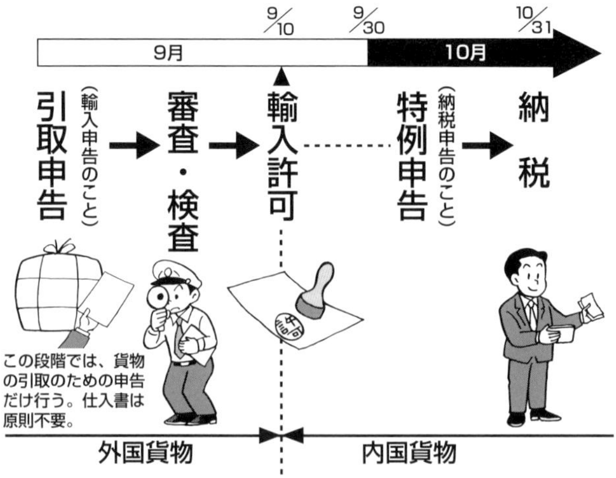

● 特例申告が利用できる場合には、①特例輸入者の承認を受ける場合、②認
　定通関業者に輸入通関を委託する場合、の二つがあります。

する税関の審査、検査も簡略化されます。また、輸入申告に伴う添付書類もなく、原則としてペーパーレスにより行われます。もっともその代わり、仕入書などの書類は、特例輸入者等に**一定期間の保存義務**を課しています。大量の書類を保存しなければなりませんが、電子保存も認められています。

　この制度は誰でも利用できるというものではありません。税関側から見れば納税手続を経ないで輸入貨物を引き渡すのです。間違えれば、輸入者が貨物を引き取り、納税申告などをせずにドロンしちゃう危険だってあります。こうなると、輸入税の徴収の確保が困難になりかねません。

　そこで関税法の規定により税関長は、この制度の利用希望者について、これまで法令を遵守し、通関手続をきちんと行っていたかどうか、又、法令遵守規定が定められているか、財務状況が健全であるか、税関手続きにNACCSが使用できるか等を基準にして審査します。そして承認された場合、その承認された者（これを「**特例輸入者**」といいます。）がこの制度を利用できるのです。また、認定通関業者に輸入通関を委託した「特例委託輸入者」も同様にこの制度を利用できます。

　また、税関長は、特例申告に際して特例輸入者又は特例委託輸入者に対して、担保の提供を命じることもできます。

　ただし、すべての輸入貨物について特例申告が利用できるわけではありません。たとえば、関税暫定措置法で規定している「輸入数量が輸入基準数量を超えた場合の特別緊急加算関税率表」に掲げられている農水産品や乳製品等、日本国とアメリカ合衆国との間の相互防衛援助協定に規定されている資材、需品又は装備あるいは、経済連携協定（EPA／FTA）で定める※修正対象物品などについては、特例申告によることができません。

※　修正対物品とは、経済連携協定において、当該経済連携協定の規定に基づき関税の譲許の便益の適用を受ける物品のうち当該経済連携協定に定められた期間に係る当該物品の輸入数量が当該経済連携協定に定められた一定の数量を超えた場合に当該物品の関税の譲許の適用を停止し、又はその譲許を修正することができると定められた物品であって政令で定めるものをいいます。

第6講 ◉ 「輸入許可前貨物の引取り承認制度」とは？

　輸入者は、輸入（納税）申告後貨物をできるだけ早く引き取り、市場に流通させて利益を得ようとします。しかし、たとえば「新規の輸入品であるため税関側において課税標準の審査に日時がかかるので輸入許可までには時間がかかる」と言われた場合、輸入者は即座に、それは困る、税関側の都合で貨物の引取りが遅れるなんて納得できない、とくるでしょう。

　このような場合等に備え、関税法は「**輸入許可前貨物の引取り承認**（Before Permit＝**BP承認**という）」制度を規定しています。輸入者が輸入（納税）申告をした後、輸入が許可される前に上記のような理由がある場合には、「輸入許可前貨物の引取り承認申請」を行って輸入許可の前に貨物を引き取ることができます。

　下図を見てください。

図1-23 BP承認のしくみ

　この例は、「新規の輸入品であるため課税標準の審査に時間がかかる」とされた場合です。「**課税標準**」とは、ひとことで言えば、関税の計算の基となる輸入貨物の価格や数量です。たとえば、100万円の貨物を輸入した場合でその税率が10％であった場合、関税の計算は、

　100万円×10％＝10万円

となりますね。この場合、100万円は関税の計算の基となるもので、これが「課税標準」となるべき価格です。また課税標準となるべき価格を課税価格ともいいます。

　つまり、この例では、あなたの提出した「輸入（納税）申告書」では、課税標準である価格が100万円となっているけどこれでいいのかどうか、税関でもう少し審査をしたいが、この審査のため時間がかかるよ、ということです。

　そこで輸入者であるあなたは、とりあえず今すぐその貨物を引き取らせてくれ、と税関にBP承認申請を行います。その時、関税額に相当する（であろう）担保の提供が必要になります。申請が通りBP承認を受けると、貨物を保税地域から引き取り、市場に流通させることができるようになります。引き取られた貨物は、原則として内国貨物とみなされます。ですから自由に取引できますし、海外に輸出することも可能です。

　ところで、貨物を受け取ったのはよいのですが、担保を納めてあるものの関税などの納付に関してはまだです。税関側において課税標準が申告されたものでいいのかどうか、審査しています。

　そして、審査が終わりました。審査の結論は、二つに一つです。

① 　税関長の調査したところと輸入（納税）申告における課税標準、税額が一致した。

② 　税関長の調査したところと輸入（納税）申告における課税標準、税額が異なるので、税関長の調査した税額に直す。これを**更正**といいます。

　①の場合、税関長は、関税法7条の17に規定する「**関税納付通知書**」を発します。②の場合、税関長は「**更正通知書**」を発します。輸入者は、

これに基づいて関税を納付します。納付すると先に提出した担保が解除され、かつ「輸入許可」を受けることになります。

図1-24　審査の開始から輸入許可まで

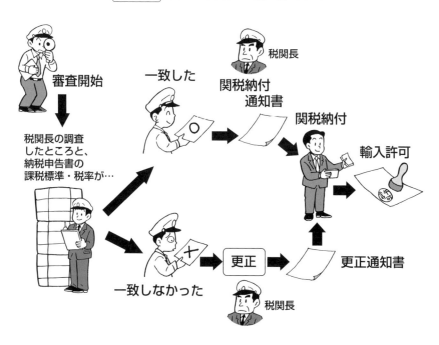

　この輸入許可前貨物の引取り承認についてもう少し整理してみましょう。まず、この制度を利用できるのは、「輸入（納税）申告」の後にのみできることから、**申告納税方式**をとる貨物についてのみ利用できるということがおわかりでしょう。

　また、同時に「輸入（納税）申告」する前には、この「承認申請」を行うことができません。この点も押さえておきましょう。

　先ほど述べた特例申告と混乱する人がいますが、これらは、制度上異質のものです。

　輸入許可前貨物の引取り承認制度は、その前提が「輸入申告」と「納税申告」が同時に行われているということです。特例申告では、初めに「輸入申告（引取申告）」しか行われませんので、納税申告に関して審査に時間がかかるということはあり得ません。

　また、特例申告を利用した場合、納税申告（特例申告）前に輸入許可され、貨物を引き取ることができます。ですから特例申告を利用して輸入した貨物について、輸入許可前貨物の引取り承認制度を利用するケースは考えられません。輸入許可前貨物の引取り承認について規定する関税法73条も「外国貨物（**特例申告貨物を除く。**）を**輸入申告の後輸入の許可前**に引き取ろうとする者は、…」としています。

　この輸入許可前貨物の引取り承認制度は、輸入貨物が新規のものであるため審査に時間がかかるといった税関側の理由のほか、貨物が消散、漏洩、変質や損傷を起こすおそれがあるためなど特に通関を急ぐ必要のあるもの、原産地証明書の提出が遅れる場合など輸入者側の事情による場合に利用できます。

　いずれにしても、承認を受ければ輸入許可された貨物と同様に市場に流通できる便利なシステムです。

図1-25 BP承認は、どんな場合に利用する？

輸入許可前貨物の引取承認制度

税関側の事情により輸入許可
が遅延する場合

・新規輸入品である等の理由により、課税標準の審査に
日時を要する場合

・免税に該当するかの審査に日時を要する場合など

申告者において特に引取を急ぐ
理由があると認められる場合

・輸入貨物が消散、漏洩、変質又は損傷のおそれがある場合

・輸入貨物が動植物、貴重品、危険物等である場合など

申告者側の事情により輸入許可
が遅延する場合

・協定税率、EPA税率（TPP11協定税率、日欧協定税率
等）又は特恵税率の適用のため必要とされる原産地証明
書等※21 の提出が遅れる場合

・免税関係書類を整えるため日時を要する場合など

・その他

※21 協定税率を適用するためには、輸入貨物が WTO 加盟国の原産品であること、
EPA（経済連携協定）による税率を適用するためには、締約国の原産品である
こと、また、特恵関税率を適用するためには、特恵受益国の原産品であることを、
税関に証明しますが、そのときに「原産地証明書」等を提出します。

第7講 ◉「保税制度」ってなに？　〜その1〜

　外国から日本に着いた貨物を、関税法では外国貨物といいます。この外国貨物を日本に引き取るのが「輸入」です。引き取るためには、税関長の輸入許可を受け、貨物を関税法上の「**内国貨物**」化することが必要です。

　ところで、日本に来る外国貨物は、日本に輸入されるために来るものばかりではありません。外国貨物のまま（つまり、輸入許可を受けずに）日本に長期にわたって蔵置しようという場合、あるいは外国から送られた原料品を輸入許可を受けないで外国貨物のまま加工、製造して、製品などをつくろうとする場合などがあります。

　このような多様な目的で外国貨物が日本に運ばれます。そして、これらの外国貨物は原則として「保税地域」にしか置くことができません。

　実は、保税地域は多様な目的で来る貨物に応じて、いろいろな機能を持っているのです。そのため、貨物の目的によって搬入される保税地域が異なります。それぞれの保税地域の概要の表1-25を見ながら読んでください。

（1）日本に輸入されるために到着した貨物

　日本に輸入されるために到着した貨物は、「**保税蔵置場**」や「**指定保税地域**」に搬入され、その後輸入（納税）申告が行われます。この保税蔵置場の場合、搬入した日から**3ヵ月以内**に貨物を搬出しなければなりません。また、指定保税地域は**1ヵ月**です。この間に輸入許可を受け、貨物を引き取ることになります。

　保税蔵置場と指定保税地域の違いですが、前者は、民間の倉庫や水面木材整理場などで、外国貨物を蔵置できる場所として所轄の税関長に申請し、許可を受けたところをいいます。一方後者は、国や地方公共団体などが所有する土地や倉庫や岸壁や水面木材整理場で、財務大臣が直々_{じきじき}

に指定したところをいいます。

　図 1 -27 は、指定保税地域の例です。

表 1 -26　いろいろな保税地域

保税地域の種類	設　置	お　も　な　機　能
指定保税地域	財務大臣の指定	外国から来た貨物や輸出しようとする貨物の一時蔵置を行う場所。
保税蔵置場	税関長の許可※22	外国から来た貨物や輸出しようとする貨物の一時蔵置を行う場所。また、蔵入承認を受けることにより、外国貨物を長期に蔵置できる。
保税工場	税関長の許可※22	外国から来た原材料をそのまま（輸入許可をとらないで）加工や製造して製品などをつくること（保税作業という）ができる。
保税展示場	税関長の許可	外国から来た展示品をそのまま（輸入許可をとらないで）展示することができる場所。
総合保税地域	税関長の許可	保税蔵置場、保税工場、保税展示場の持つ機能すべてを総合的に持っている場所。

図 1 -27　指定保税地域の例（横浜市の本牧埠頭）

（画像提供　横浜市港湾局）

（2）海外のベンダーによる在庫管理のため日本に到着した貨物

　IT 革命の産物に**サプライ・チェーン・マネジメント（SCM）**というのがあります。サプライ・チェーンとは、部品や原材料の供給過程のことです。部品や原材料の製造、流通、販売といった過程を意味します。これをコンピュータ・ネットワークを利用して管理していく一連のシステムがサプライ・チェーン・マネジメントです。

　このシステムを使いますと、部品や原材料の供給者は、コンピュータの**ネットワーク**を使い、リアルタイムに製品の販売、在庫状況などが管理できます。そして部品や原材料の需要を予測し、それに合わせてこれらのものをジャスト・イン・タイムでムダなく供給できるというものです。

　ここでお話する**ベンダーによる在庫管理**（Vendor Managed Inventory VMI）は、国際的なサプライ・チェーン・マネジメントによるものなのです。ベンダーとは、「部品供給業者」です。

　従来のやり方では、日本国内メーカーは、部品などの在庫が少なくなった時点で海外のベンダーに部品を発注します。この発注を受けてベンダーは部品を日本に向けて送ります。日本のメーカーは、送られてきた部品の輸入手続を自ら行い供給を受けます。

　このような従来型の方法には、次のような問題点があります。

①海外のベンダーに発注してから手元に届くまでのリードタイムが長くなる。

②自ら通関手続を行うため煩雑である。

③多少部品を在庫としておくため必要とされる数量より多めに発注する結果、経費にムダを生じる。

※22　保税蔵置場や保税工場は、設置毎に税関長の許可が必要ですが、AEO 事業者である特定保税承認者である場合は、その場所を所轄する税関長に設置を届出で行うことができ、届出が受理された時にこれらの許可を受けたものとみなされるという特例規定があります。

63

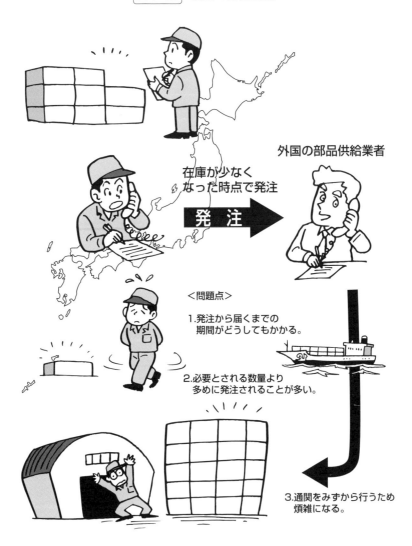

図1-28 従来の部品供給

外国の部品供給業者

在庫が少なく
なった時点で発注

発注

<問題点>

1.発注から届くまでの
　期間がどうしてもかかる。

2.必要とされる数量より
　多めに発注されることが多い。

3.通関をみずから行うため
　煩雑になる。

　一方、国際的サプライ・チェーン・マネジメントでは、海外のベンダーが、メーカーの生産や販売、製品の在庫などのリアルタイムの情報に基づいてメーカーのために部品の供給を行います。つまり、海外のベンダーが日本の保税蔵置場にこれらの情報に基づき必要な部品をあらかじめ置いておいて、必要な時に即座に部品をメーカーに供給するというしくみです。保税蔵置場には、3ヵ月間、外国貨物を入れておくことができますし、さらに、その期間を超えて置こうという場合には、税関長の承認（「蔵入承認」といいます。）を受けることにより、最初に承認された日から2年間、蔵置ができます。このしくみを利用して、メーカーからの発注と同時に日本の保税蔵置場から届けるので、従来型に比べリードタイムがかなり短くて済みます。また、海外のベンダーがメーカーのために部品の**在庫管理**を行うので、メーカーは部品を多めに発注する必要もなくなり、経費が節約できます。そのうえ、部品の管理に気を使う必要がなく、本来の生産に専念できるという利点も挙げられます。

　なお、指定保税地域には、このような長期蔵置機能はありません。また、置くことのできる期間は、1ヵ月以内です。

　さて、海外のベンダーで日本に住所も居所もない法人等で、日本における主たる事務所や営業所がない場合、つまりその者が非居住者であった場合、蔵入承認の手続や輸入通関の手続ができるのでしょうか。従来、関税法はこのような非居住者による税関手続を想定していませんでした。しかし国際物流のIT化により、そうとも言っていられなくなり、2003年4月から、関税法に「**税関事務管理人**」制度を設けました。非居住者が自己の名で税関手続をする場合には、この「税関事務管理人」を選定する必要があります。そして、この制度が取り入れられてから20年経った2023年に至っては、さらにインターネット通販が一般化し、国境を越えた売買である越境ECが多く行われるようになりました。

　具体的には、ECプラットフォーム業者等が提供する倉庫保管、配送などを代行する「フルフィルメントサービス（FS）」を利用し、内外の通信販売業者（越境EC事業者）が保税地域の事業主と連携するなどし

てサプライチェーンを構築する例も出てきています。

　これにより非居住者が絡む税関事務がさらに発生しています。そして、税関は、税関事務を行う上で税関事務管理人に問い合わせする必要があります。このような場合、税関事務管理人が取引の内容を十分に把握せず曖昧であると通関が迅速にできない結果となります。そのようなことがないように、令和5年10月に税関が税関事務管理人を通し非居住者に連絡をとり取引内容などの把握ができるように、また、事後調査が的確に行うことができるように改正が行われました。また、税関事務管理人の届出がない場合には、税関長が届出をするように求めることや、それでも届出がない場合は税関長が指定することもできるようになりました。

図1-29　国際的サプライ・チェーン・マネジメントによる在庫管理

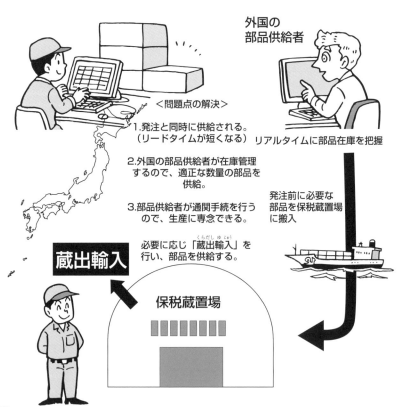

（３）委託加工契約に基づいて輸入されてきた原料品である貨物

　日本は、国内資源の乏しい国です。そこで、外国の原料を日本に持ってきて加工や製造などにより製品をつくり、それを海外に送り出す**委託加工貿易**を振興しました。戦後の経済復興にはこの委託加工貿易の力が大きく貢献しました。

　この委託加工貿易を振興するためにできたのが「保税工場制度」です。

　加工貿易の原則に沿って、外国から届いた原料品に対する関税を支払い、輸入許可を受け、関税法上の内国貨物にしてから加工・製造をすれば何ら問題はないのですが、これだと原料品の関税を負担しなければならず、**加工貿易振興**の観点からは足かせになってしまいます。そこで誕生したのが、外国貨物である原料品を外国貨物のまま加工・製造できる「保税工場」です。この**保税工場**を利用すれば、関税や消費税等の負担なしに原材料を使用できます。

　ちなみに、もし万が一外国貨物である原料品を保税地域以外で加工・製造したら、加工・製造した者が原料品を輸入したものとみなされ関税等が徴収されます。

　ところで保税工場は、一般的には民間のメーカーなどが所有する工場に対しその申請に基づき税関長が許可することによって設置されます。

　保税工場に搬入される外国貨物である原料品は、先にお話した保税蔵置場の場合とは異なり、その前提は**保税作業**（保税工場などで外国貨物である原料品を加工・製造すること）に使用することです。蔵置を目的とするものは、保税蔵置場に搬入されます。

　保税蔵置場においても税関長の許可があれば簡単な加工はできます。しかし簡単な加工とは、たとえば食料品の加熱のような単純な工程によるもので加工後において加工前の状態が判明できる程度のものをいうのであり、保税工場で行われるような本格的な加工・製造を意味していません。

　他方、蔵置だけを目的とする外国貨物が保税工場に搬入されるという

こともありません。もっとも保税工場の税関長の許可に合わせて保税蔵
置場の許可を取得することはできます。これを「**併設保税蔵置場**」とい
います。しかし、この場合も加工・製造を目的にした外国貨物は保税工
場の方に、それ以外の貨物は保税蔵置場の方に搬入されます。

図1-30 保税工場の許可

税関長

保税工場の許可を受けると、外国貨物の原料品のまま、加工・製造し、製品を作ることができる。

外国

保税工場の許可申請

保税工場の許可

移入承認

日本のメーカーの工場

原料

MADE IN 海外

製品

　保税工場で保税作業を行う場合には、「**移入承認**」を受ける必要があ
ります。いつまでにこの移入承認を受ける必要があるのかについて、関
税法では下記のように保税作業の時期によって分けて規定しています。
　　ケース１：保税工場に搬入してから３ヵ月以内に外国貨物である原料
　　　　　　品を保税作業に使用しようとする場合…保税作業に使用しよ
　　　　　　うとする前までに移入承認を受ける。
　　ケース２：保税工場に搬入してから３ヵ月を超えて、たとえば搬入後
　　　　　　６ヵ月経ったところで保税作業をする場合…保税工場に搬入
　　　　　　してから３ヵ月を超える前までに移入承認を受ける。

図1-31　保税作業をするには移入承認が必要！

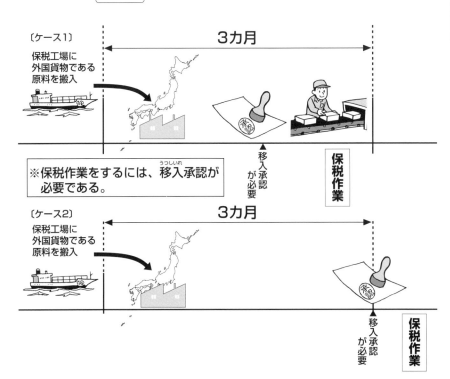

　図1-31にもあるように、移入承認後、保税作業を行うことになりますが、原則として保税作業の開始時・終了時には税関への届出が必要になります。

　しかし、保税工場は、民間のメーカーの工場が税関長の許可を受け設置するものですから、他の保税地域と異なり税関官署から離れて存在していることが多くあります。そのため、保税作業の開始や終了の届出が煩雑になるおそれもあります。そこで、税関長は使用原料品の製造歩留まりが安定していることなど、一定の要件に当てはまり取り締まり上支障がないと認めた保税工場を指定し、その指定された保税工場は、**月例報告書**の提出をもって届出に代えることができるようになっています。

　このようにして保税工場では、保税作業により製品を製造します。このでき上がった製品は、関税法上まだ外国貨物です。これを外国に向けて送り出します。関税法上、これは、輸出とはいいません。外国貨物を外国に向けて送り出すことを「**積戻し**」といいます。

　また、このできた製品を日本に引き取ることもあります。外国貨物を日本に引き取る行為ですから、関税法上の輸入に該当します。したがって、輸入（納税）申告をして輸入許可を受け日本に引き取ることになります。

図1-32　保税工場でできた製品の積戻しと輸入

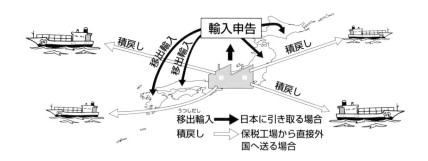

この場合、輸入される製品に対して課される関税は、製品に対して課されるのかというと、そうではありません。関税は、その製品の原料に対して課されます。つまり、移入承認の時の性質、数量に対して関税が課されます。このことを「原料課税」といいます。

図1-33 関税は原料に対して課税される

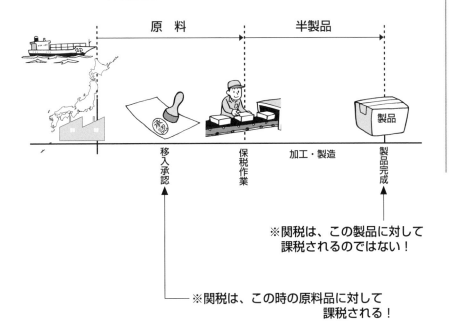

※関税は、この製品に対して課税されるのではない！

※関税は、この時の原料品に対して課税される！

　もし、輸入申告の時の性質、数量で関税が課されるとしたら、その製品に対して関税が課されることになります。この場合は外国から来た原料品に加えて日本の保税工場で付加した価値にまで関税を課することになり、課税の公平性が保てません。

　製品全体（原料＋付加価値）に関税を課す方法を「**製品課税**」といいますが、原料を初めから輸入してできた製品よりも関税が付加価値分高くなってしまいます。

　「原料課税」と「製品課税」の違いは、再輸入減税（☞p225）を理解する上でも重要です。

図1-34　製品のどの部分に関税がかかる？

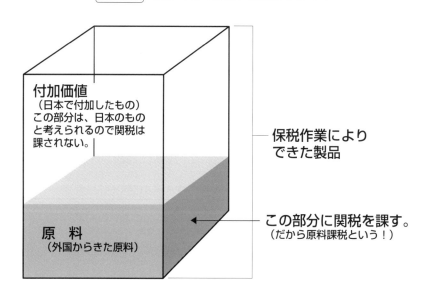

（4）保税展示場の活用

―国際的な文化、経済などの交流や通商拡大を図るための施設―

保税地域の一つに保税展示場があります。

通常は、外国から来た商品は、輸入通関されてから（つまり輸入許可を取得してから）展示されるのですが、保税展示場を利用する場合には、輸入通関を経ることなくそのまま（つまり外国貨物のまま）展示することができます。輸入通関していないわけですから、関税や消費税などは課税されません。このようなしくみをつくることによって貿易の促進（通商拡大）に役立てようというわけです。

具体的にはどんな場合にこの保税展示場が利用されているのでしょうか。最も代表的なのが、モーターショーです。国内外の斬新な車が一堂に展示され、車好きでなくても圧倒されます。

東京モーターショーの会場は、「幕張メッセ（株式会社幕張メッセ）」ですが、この会場は、それぞれの展示会を行うごとに税関長から保税展示場の許可を受けています。ですから、東京モーターショーを開催するときもその会期中は保税展示場の許可を受け、輸入通関がされていない外車を展示しているのです。ちなみに幕張メッセは千葉県にあるため、千葉県を管轄する横浜税関から保税展示場の許可を受けることになります（千葉県でも成田空港の成田税関支署だけは、東京税関の管轄になっています）。

このほか、有明の「東京国際展示場（株式会社東京ビッグサイト）」（東京税関管轄）や「パシフィコ横浜（株式会社横浜国際平和会議場）」（横浜税関管轄）などが保税展示場として利用されています。

保税展示場の許可を受けた後、これらの施設に貨物を実際に入れ展示するためには、貨物ごとに税関長の「展示等承認」を受けなければなりません。また、もし保税展示場で販売するものがあれば、あらかじめ輸入（納税）申告を行い輸入許可を受けておく必要があります。

73

（5）すべての機能が備わっている保税地域──総合保税地域

　保税地域には、指定保税地域、保税蔵置場、保税工場、保税展示場がありますが、これら保税地域の機能をすべて持つ「総合保税地域」があります。指定保税地域は外国貨物を一時的に、保税蔵置場は、外国貨物を一時もしくは長期にわたって蔵置できる場所です。また保税工場は、外国貨物である原料品を使用して加工や製造（保税作業）をすることができる場所です。さらに保税展示場は、外国貨物のまま展示することのできる場所です。そして総合保税地域は、一時または長期蔵置、保税作業、保税展示のすべてを一つの場所で行うことができる施設です。

　総合保税地域の制度は、平成3（1992）年に関税面における「輸入インフラ設備」の受け皿として創設されました。この「輸入インフラ設備」とは、輸入促進や輸入品の流通円滑化のための輸入関連施設、さらには輸入ノウハウの提供などのサービスを行うことのできる施設などをいいますが、総合保税地域もその一つであるわけです。そもそもの発想は、FAZ（フォーリン・アクセス・ゾーン：輸入促進地域）と連動しています。つまり、輸入貨物の増大が予想される港湾や空港及びその周辺で港湾・空港の設備などから勘案して輸入促進が相当程度図られるであろう、そういう施設・地域をFAZに指定し、その中で関税面の施設として総合保税地域を創設したのです。

　FAZは、「輸入の促進及び対内投資事業の円滑化に関する臨時措置法」に基づいて指定されていたわけですが、当初の目的を達成し、平成18（2006）年に廃止されました。しかし、総合保税地域は関税法で定めるもので「FAZ＝総合保税地域」ではありません。したがって、総合保税地域はまだきちんと生きている制度です。

　FAZもそうでしたが、総合保税地域も第三セクターが許可を取り、実際に運営するしくみになっています。

　最初にはなばなしく総合保税地域の許可を受けたのは、大阪の南港にあった「アジア太平洋トレードセンター」でした。ここは大阪市地域輸

入促進計画に基づいてつくられたもので、当時はFAZの中の一施設でした。この輸入促進地域が一体となり活性化が図られる目論見（もくろみ）でしたが、深刻な経営難となりました。そして、平成18年3月31日、廃業により総合保税地域の許可は失効しました。残念ではありますが、第三セクターの家計簿的経営で本当に経済の活性化が図れるのかを考えさせられる結末でした。

　ところで、総合保税地域の許可を受けている施設は、現在4ヵ所です。

　これらのうち「中部国際空港」が総合保税地域になったのには、ある経緯がありました。実は当時の関税法では、この施設は総合保税地域の許可要件を満たしませんでした。要件の一つに「第三セクターでかつ地方公共団体などの出資比率が10％以上」というのがありました。第三セクターには該当したのですが、出資比率はそんなにはありませんでした。しかし、総合保税地域の許可を受けている施設は多くはなく、先に説明した「アジア太平洋トレードセンター」も芳（かんば）しくない、そのような中で当時将来性・成長性が見込まれていた「中部国際空港」を総合保税地域にするのは、国策にもかなうことと考えられていました。またそのような考えの中、出資比率の緩和要望もなされていたことから、平成15（2003）年の関税法改正で地方公共団体の出資比率が「3％以上」でよいとなりました。同時に地方公共団体自体も総合保税地域の許可を受けることができるようにしたのです。

表1-35　総合保税地域は全国に4ヵ所

管轄税関	管轄官署	名　称	所在地
横浜税関	大黒埠頭出張所	㈱横浜港国際流通センター	神奈川県横浜市
横浜税関	川崎税関支署東扇島出張所	かわさきファズ物流センター	神奈川県川崎市
名古屋税関	中部空港税関支署	中部国際空港総合保税地域	愛知県常滑市
神戸税関	松山税関支署	愛媛エフ・エー・ゼット㈱愛媛国際物流ターミナル	愛媛県松山市

　そして平成 17（2005）年 2 月 17 日、中部国際空港（セントレア）は無事開港し、空港では唯一の総合保税地域の許可も取得しました。ご存じの方も多いと思いますが、この空港は海上空港で、24 時間運用されています。その広さは 470Ha、ナゴヤドームが約 100 個入るという大規模なものです。また、約 26 万平方メートルの貨物地区があり、国際フォワーダー※22 貨物ターミナル、国際エアライン貨物ターミナル、燻蒸庫※23 などの設備が整っています。セントレアによりますと、現在の貨物施設は、国際貨物 60 万トン、国内貨物 6 万トンの取扱いが可能だということです。

　この中部国際空港を総合保税地域として利用することにより、

①航空貨物の処理が迅速に行える。

②総合保税地域内の各施設間の運送の際に保税運送の承認を必要としない。

③上屋（外国貨物を蔵置する場所）を各事業者間で相互に融通し、使用が可能となる。

というメリットが得られます。

（6）他所蔵置場所

　輸入される貨物の中には、これらの保税地域に搬入する際、置くことが困難又は著しく不適当なものもあります。たとえば、巨大な貨物で保税地域には置くことができる設備がない場合や腐敗・変色、又は他の貨物を汚損するおそれのある貨物その他、貴重品、危険物などが考えられます。このような貨物で税関長が保税地域以外に置くことが真にやむを得ないと判断する貨物は、保税地域以外の場所に置くことを許可します。そしてこの許可された貨物を他所蔵置許可貨物といい、その場所を他所

※ 22 「フォワーダー」とは、荷主から預かった貨物について荷主に代わって通関を行ったり、航空貨物を航空会社に持ち込み輸送する業者のことです。
※ 23 「燻蒸」とは、生鮮貨物等についた害虫を駆除することです。

蔵置場所と呼んでいます。本書で保税地域等というのは、保税地域とこの他所蔵置地場所を合わせた場所のことをいっています。

図 1-36 総合保税地域である中部国際空港

中部国際空港

貨物ターミナル

（画像提供　中部国際空港株式会社）

第8講 ◉「保税制度」ってなに？　〜その2〜

（1）保税運送

　日本に陸揚げされた外国貨物を開港（税関のある港湾）や税関空港（同じく税関のある空港）から保税地域に運んだり、輸出許可を受けた貨物（関税法上外国貨物になります。）を開港や税関空港に運ぶ場合には、税関長に「**保税運送**」の申告をして承認を受けなければなりません。

　保税運送には、海路運送（ICT）、陸路運送（OLT）、空路運送（OAT）[※24] 及びこれらの複合による方法があります。税関長の承認を受ければこれらの方法により、国内を外国貨物のまま運送できます。

　およそ55年前、昭和40年ごろにコンテナが出現し、国際物流が大きく変わりました。現在ではほとんどがコンテナによる運送です。よく、港の周りでコンテナを運ぶトラックを見ることがあるでしょう。コンテナにより外国から到着した貨物、あるいはコンテナによりこれから外国へ輸出しようという貨物を運んでいるのです。

　コンテナですと、本船から陸揚げし、そのままトラックや鉄道で移動できるのです。貿易の世界では、コンテナを利用して船舶、トラック、鉄道などの異なる運送手段を組み合わせて目的地まで運ぶことを「**複合一貫運送**」といいます。

※24　海路運送（ICT）は、<u>I</u>nter <u>C</u>oast <u>T</u>ransport
　　　陸路運送（OLT）は、<u>O</u>ver <u>L</u>and <u>T</u>ransport
　　　空路運送（OAT）は、<u>O</u>ver <u>A</u>ir <u>T</u>ransport
　　　の略です。

図1-37 港湾付近の広大なコンテナヤード

コンテナの出現により大量輸送とともに複合一貫運送が可能になりました。

船からコンテナを積み卸すときに巨大なガントリークレーンが使われます。

コンテナによって運ばれた貨物は、コンテナに詰め込んだままの状態でコンテナ・ヤード（CY）やコンテナ・フレイト・ステーション（CFS）に搬入されます。CY、CFSとは、港湾につくられたコンテナ船専用の巨大施設で、通常**保税蔵置場の許可**を受けています。ここで、貨物の輸入通関をする場合とさらに他の保税地域に運送され通関手続をする場合とがあります。後者の場合は、税関長の**保税運送の承認**を受け、コンテナで運送します。

この場合、入れ物としてのコンテナは、別に輸入許可を受け、内国貨物として運送しますので、実際の保税運送の承認対象は、コンテナに内蔵された貨物です。

コンテナについては「コンテナに関する通関条約及び国際道路運送手帳による担保の下で行う貨物の国際運送に関する通関条約（TIR条約）の実施に伴う関税法等の特例に関する法律」（略して「コンテナ条約等の関税法等特例法」といいます）により、一定のコンテナは「**積卸しコンテナ一覧表**」を提出するだけで免税輸入できます。法律的には、この「積卸しコンテナ一覧表」を提出したときに輸入申告があったとみなされるのです。この法律に適合しないコンテナについても1年以内に輸出することを条件に免税輸入（関税定率法で定める再輸出免税制度 ☞ p231 することも可能です。）

ところで、コンテナ・ヤードとコンテナ・フレイト・ステーションでは搬入される貨物の違いはどこにあるのでしょうか。それは「満載」か「混載」かという点にあります。コンテナに一人の荷主の貨物だけで満載された貨物のことを「**FCL貨物（Full Container Load）**」といい、これが、輸入される場合には、コンテナ・ヤードに搬入され輸入通関手続が行われます。

また、何人かの輸入者が輸入した荷物が混載されている貨物を「**LCL貨物（Less than Container Load）**」といい、コンテナ・フレイト・ステーションに搬入され、それぞれの輸入者ごとに荷物が分けられます。そして、輸入通関手続が行われます。

　さて、実際に保税運送する手続の一巡です。あらかじめ保税運送の申告を行い承認を受け、実際に出発する際には、「**運送目録**」を税関に提示して確認を受けます。確認を受けた後「運送目録」の返付を受け、その後、到着地の税関にその「運送目録」を提出し、到着地での確認を受けます。到着地の税関で確認を受けた後、返付された「運送目録」は、原則として**１ヵ月以内**に、保税運送の承認をした税関長に提出しなければなりません。

　ただし継続的に保税運送がされている場合は、**包括的**に保税運送の承認を受けることもできます。

（２）収容と公売

　保税地域についてお話をしてきましたが、保税地域は、関税の徴収を留保して外国貨物を暫定的に入れたり置いたりする場所というのが基本的な構図で、後は、種類に応じ加工・製造（保税工場）、展示（保税展示場）などの機能を持たせたものです。ですから、外国から来た貨物は、いつの日かはこの保税地域から搬出されるのです。

　保税蔵置場に置くことを承認された貨物は、**最初に承認された日から２年間**は置くことができますが、（税関長から特別の事由があると認められ期間を延長してもらった場合は別として）２年を超えて置くことはできません。これは、保税蔵置場が搬入された貨物の安住の場所ではないことを意味します。２年間という暫定的な期間は、関税を納めなくても日本に外国貨物を合法的に置くことができるけど、２年間を過ぎたら、それは法律上許されないということです。

　なぜ、期間を制限しているのでしょうか。

　これには、次の二つの理由が考えられます。

1　期間を制限していなければ、保税地域における**貨物の滞貨**が起こるおそれがある。

2　関税の徴収を留保している期間が無制限だと、**徴収の確保**に影響が出る。

　このような問題点を解決するためには、この期間制限を実効あるものにしなければなりません。期間制限はあるけど誰も守らなかったら、その決まりはザルになってしまうからです。

　話がちょっと横道にそれますが、私の住んでいる町に「止まれ」の標識があります。見ていると、きちんと止まらないケースが多いのです。ところがある時、どういうわけか皆、きちんと止まっていくのです。ふと見ると取り締まりの警察官や追跡用白バイがいるのです。

　このように取り締まりをしないとルールを守らないというのは情けない話ですが、一面では、取り締まりにより一時停止のルールを実効あるものにしているともいえます。

　さて、保税地域に貨物を置く期間制限を実効あるものにするためには、**収容**という制度があります。

　関税法80条には、こう書いてあります。

　「税関長は、①保税地域の利用についてその障害を除き、又は②関税の徴収を確保するため、次に掲げる貨物を収容することができる。」（①②は筆者による付記）

　具体的には、期間が過ぎた貨物を保税地域から税関が取り上げ、貨物の所有者に心理的圧迫を加えます。普通であれば、税関に貨物を取り上げられたとなれば、すぐにでも何とかしなくてはと考えますね。さらに、収容され原則として**4ヵ月経過**すると、公売などに付されることになります。公売されますと、貨物の所有権は買受人に移転してしまいますし、売買代金だってすべて戻ってはきません。貨物の代金から税金分や貨物の預かり料などが引かれるからです。そうなると、公売されたら通常は割に合わないですから、なおさら収容されたら税関から取り戻すことを考えます。

　このように収容という制度により**保税地域の期間制限の実効性**を確保しようとしているわけです。

　さて、税関が貨物を取り上げること（収容すること）により貨物は、税関の事実上の支配下に置かれます。この状態を「**占有**」といいます。

ですから関税法では、「収容は税関が貨物を占有して行うものとする」としています。

　この収容を解除してもらうには、貨物を取り上げる際にかかった人件費、収容場所までの運送費など収容に要した費用及び収容貨物の預かり料といった性質を持つ「**収容課金**」を税関に納め、税関長の承認をもらいます。なお、収容の解除の際には、関税などの納付は不要ですから注意してください。

　この貨物を輸入するには、**収容解除の承認**をもらい、その上で輸入（納税）申告を行うのです。

　なお、収容は、外国貨物だけが対象になっているわけではありません。保税地域の利用についてその障害を除くことが必要な場合には、内国貨物も収容することが可能です。

▶▶ コラム

収容された貨物を公売により買い受けた場合

　収容された貨物を公売によって、買い受けた場合、買い受けた者は、輸入（納税）申告をして輸入許可を受ける必要があるのでしょうか。実は、通関士試験でもひとつの論点になるところです。

　ここで、買い受けた貨物は、外国貨物か、内国貨物かどちらかがわかれば、輸入（納税）申告をする必要があるのかないのか、判断できますね。収容された貨物は、通常の場合、外国貨物です。ところが、関税法では、収容された貨物で公売などにより買受人が買い受けたものは、内国貨物とみなされます（関税法74条）。ですから、買受人は、輸入（納税）申告をする必要がありません。でも、輸入品であることには違いないのですから、関税や消費税などが課税されるはずですが、と疑問に思ってしまいますね。

　実は、買受人が支払った買受代金の中から関税や消費税が充当されます。したがって、税金が免除されているわけではありません。

クイズで学ぶ　Part I

1．輸入（納税）申告をする必要のない貨物は次のうちどれですか。

a　郵便路線で輸入され外国の友人からプレゼントされる課税価格30万円のコート

b　航空機で運ばれ、保税地域を経由して輸入されるミネラルウォーター

c　外国の領海で洋上取引され、輸入されるタコ

2．次のうち、絶対的に輸入できない貨物はどれですか。

a　ワシントン条約で規制されているウミガメ

b　風俗を害すべき図画に該当するポルノであるが、芸術的なもの

c　郵便切手の模造品

3．次のうち、外国貨物を長期にわたり蔵置できない保税地域はどれですか。

a　総合保税地域

b　保税蔵置場

c　指定保税地域

・・・・・・・・・・・・・・・・・・・・・ 答 ・・・・・・・・・・・・・・・・・・・・・

1．a

a　課税価格20万円以下、又は課税価格が20万円を超えても寄贈品である郵便物は、原則として輸入（納税）申告を行う必要は、あ

りません。

b　航空機で輸送され保税地域に入れられた貨物を引き取る場合には、輸入（納税）申告が必要です。

c　洋上取引されたタコを輸入する場合、郵便路線を使用することはありませんから、輸入（納税）申告が必要となります。

2.　b

a　ワシントン条約で規制されている動植物は、絶対的に輸入が禁止されているわけではありません。附属書Ⅰに該当する場合でも学術研究のための輸入は、可能です。

b　芸術性のいかんにかかわらず風俗を害すべき図画は、絶対的に輸入が禁止されている貨物です。

c　郵便切手の模造品は、輸入してはならない貨物ですが、法令に基づき総務大臣の許可を受けて輸入できる場合もあります。

3.　c

a　総合保税地域は、当該総保入承認の日から２年間、外国貨物を蔵置できます。

b　保税蔵置場の場合も、最初の蔵入承認の日から２年間、外国貨物を蔵置できます。

c　指定保税地域は上記の保税地域とは異なり、外国貨物を入れた日（搬入した日）から１ヵ月まで置くことができます。

輸入と税金を
マスターする！

Part

II

第1講 ◉ 輸入の際に課される税金とは？

外国から貨物を輸入する場合には、基本的には、関税、消費税、地方消費税が課されます。このほか酒類やたばこに酒税、たばこ税が課されることはすでに触れました。また、揮発油の場合には、揮発油税、地方道路税が、石油ガスに対しては石油ガス税がかかりますし、さらに石油の原油、石油製品、ガス状炭化水素、石炭については、石油石炭税が課税されます。

ここでは、関税制度を中心に話を進めていきます。

関税制度の主目的は、**国内産業保護**にあります。もちろん**財政目的**のため課するということもありますが、日本においては①税収の中で関税の占める割合がきわめて低い、②関税が無税（Free）で輸入できる品目が多い、といった点から、財政目的というのは説得力に欠けるように思います。

ところで、輸入に際して消費税などの内国消費税も課税されます。いくら関税が撤廃されたといってもこれら内国消費税は、課されます。

たとえば、消費税については、輸入貨物の課税価格プラス関税額に対し7.8％が課税され、さらに、こうして計算された消費税額の22/78が地方消費税として課税されます。なお、輸入申告の際に人の飲用又は食用に供される飲食料品（食品表示法に規定する食品〈酒類は除く〉）については、軽減税率が適用されます。この場合の消費税は、輸入貨物の課税価格プラス関税額の6.24％で計算されます。地方消費税率は消費税額の22/78で変わりません。

課税価格プラス関税額に対して課税するといいましたが、関税という税金にさらに税金を課すという構造になっています。もっとも関税がゼロであれば、消費税もその分安くなるということになるのです。

さらに、ワインなどの場合、課税価格プラス関税プラス酒税に対して消費税が課されます。ＥＰＡ（経済連携協定）でワインの関税が撤廃さ

れた場合でも、関税以外の酒税、消費税、地方消費税が課税されます。
輸入の際に全く課税されないということではないので、注意しましょう。

図2−1　関税・消費税・地方消費税はどのように計算する？

（例）8,500,000 円の貨物を輸入。
　　　関税率が 3.5％の場合。
①関税額　　　　8,500,000 円×3.5％＝ 297,500 円
②消費税額　　　8,500,000 円＋297,500 円＝ 8,797,500 円
　　　　　　　　8,797,000 円（千円未満切捨）×7.8％＝686,166 円
③地方消費税　　686,100 円（百円未満切捨）×22/78＝193,515 円
・納付すべき税額は百円未満切捨。
∴関税額 297,500 円、消費税額 686,100 円、地方消費税額 193,500 円

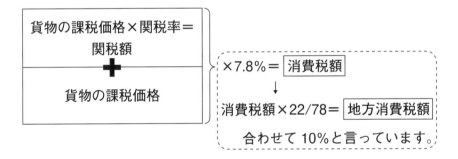

貨物の課税価格×関税率＝ 関税額	×7.8％＝ 消費税額
＋	↓
貨物の課税価格	消費税額×22/78＝ 地方消費税額
	合わせて 10％と言っています。

第2講 ◉ 関税額を確定するには？

（1） 郵便物（課税価格20万円以下）、携帯品、別送品の場合、納税申告は不要

　外国から貨物を輸入する場合、通常、輸入申告とともに関税の納付に関する申告を行います。しかし、課税価格20万円以下の郵便物の場合など一部の貨物は、例外的に輸入（納税）申告を要しません。なぜならば、税関長が納付すべき関税額を職権で確定するからです。

　このほか、皆さんが海外旅行から帰国する際、おみやげ品などを持ち帰りますね。このおみやげ品も一定の免税額を超えますと関税が徴収されます。皆さんが手に持っているおみやげ品を「輸入」するわけですから。こういうおみやげなど海外から手で持ってくるものを「**携帯品**」と呼んでいます。また、海外で買い物をしすぎちゃって手に持てないという場合には、海外の業者に頼んで小包にして自宅まで送ってもらうこともあります。この場合、その小包である貨物を「**別送品**」と呼んでいます。これら携帯品や商業量に達していない別送品に対する関税の額も税関長が職権により確定します。

（2） 申告納税方式と賦課課税方式

　ところで、「納税義務者」である輸入者が関税の納付に関する申告（納税申告）をすることにより関税額が確定する方式を**申告納税方式**といいます。また、課税価格20万円以下の郵便物や携帯品のように税関長が関税額を確定する方式を**賦課課税方式**と呼んでいます。

　二つのうち、申告納税方式が原則的な関税額の確定方式で、賦課課税方式により関税が確定するものは、限定列挙された関税（図2-2）に限られます。ここに列挙された関税以外は、納税義務者の納税申告により関税が確定します。たとえば「緊急関税」は、ここに限定列挙されていません。これは申告納税方式により関税が確定します。

図2-2 賦課課税方式をとる関税

もっぱら
税関長が輸入貨物の税額を確定する方式

賦課課税方式

賦課課税方式により関税額が確定するもの

● 郵便物（課税価格 20 万円以下のものや、寄贈物品など）

● 携帯品・別送品など

● 相殺関税（そうさい）・不当廉売関税（ふとうれんばい）

● 保税蔵置場に蔵置中の貨物が亡失（ぼうしつ）した（なくなった）ため保税蔵置場
　の許可を受けた者に課される関税のように、一定の事実が生じた場合
　に直ちに徴収されるものとされている関税

● 過少申告加算税・無申告加算税・重加算税

● 駐留米軍関係臨時特例法※により米軍の構成員などの用に供するもの
　として「関税等が免除された物品」を譲り受けた者に対して課される
　関税のように、関税法又は関税定率法以外の関税に関する法律により
　関税の確定が、賦課課税方式によるものとされている関税

※正式名称は「日本国とアメリカ合衆国との間の相互協力及び安全保障条約第
　6条に基づく施設及び区域並びに日本国における合衆国軍隊の地位に関する
　協定の実施に伴う関税等の臨時特例に関する法律」。

（３）申告納税方式をとる関税の税額を税関長が確定することもある

実は、申告納税方式をとる関税の場合も、税関長がその税額を確定することがあります。

たとえば、密輸の場合です。その密輸品について本当は関税を申告して引き取る必要があったのですが、それをしないで秘密裏に輸入したものです。これではもはや輸入者に関税の申告を任せられません。そこで、税関長がその密輸品の税額を確定します。

次に、特例輸入者が特例申告を行う場合、輸入許可の日の属する月の翌月末日までに行わなければなりませんが、この期限までに特例申告が行われない場合には無申告とみなし、税関長が関税額を確定できます。ただし密輸の場合と異なり、税関長が関税額を確定するまでは、上記期限が過ぎても申告を行うことが可能です。

これらのように、本来は関税について申告しなければならないが、納税義務者が申告しないため税関長が代わって関税額を確定する場合があります。この確定する処分を、「**決定処分**」といいます。

さらに、納税義務者がきちんと納税申告をしている場合にも、税関長が税額を確定する場合もあります。ひとことで言えば、「申告した税額が誤っている」場合です。すなわち、①税額の計算が関税に関する法律の規定に従っていなかった場合や、②申告された税額が税関長の調査したところと異なる場合です。税関長は、正しいと思われる税額に直して税額を確定します。この処分を「**更正**」といいます。

申告された納税額が少ない場合には「**増額更正**」が、逆に多い場合には「**減額更正**」がされます。

ところで、これらの決定処分や更正処分も賦課課税方式のひとつかというと、答えはノーです。

賦課課税方式というのは、関税額の確定を行うことができるのは税関長のみであるという方式なのです。ですから、申告がなかった場合あるいは申告額に誤りがあった場合のみに限定して、税関長が税額を確定で

きる「決定」や「更正」とは、根本的に違います。

　賦課課税方式により確定する関税は、常に税関長により税額が確定されます。このため関税法6条の2第1項2号では、賦課課税方式を「納付すべき税額がもっぱら税関長の処分により確定する」方式と定義しています。この「もっぱら」が重要なところですね。

　そして、賦課課税方式をとる関税の税額を税関長が確定する処分のことを「**賦課決定**」と呼んでいます。先ほどの「決定処分」と区別してください。

図2-3　税関長が税額を確定する場合

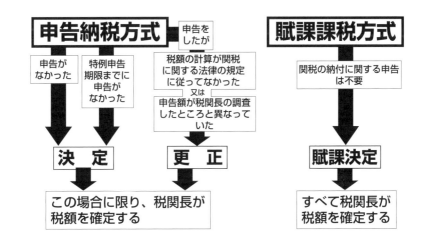

第3講 ◉ 課税標準を申告するとは？

　申告納税方式が適用される貨物を輸入する場合、納税義務者、つまり輸入者が納税申告を行わなければなりません。

　関税額は、下記の計算により算出します。

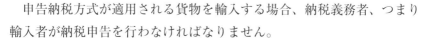

関税額の計算式

$$課税標準 \times 関税率 = 関税額$$

　この式の初めに「**課税標準**」とありますが、いったいこれは、何でしょう？

　具体的には、貨物の価格だとか貨物の数量です。まず価格の方を見てみましょう。

　たとえば、100万円の貨物を輸入したとします。関税率が5％の場合、関税額は、

　100万円×5％＝5万円となりますね。

　次に、数量の場合を見てみましょう。10,000ℓの貨物があり、関税率は、1ℓあたり105円です。この場合の関税額は、

　10,000ℓ×105円＝105万円になりますね。

　このように関税額の計算の基礎となる貨物の価格や数量を「課税標準」と呼びます。特に課税標準となるべき価格を「**課税価格**」といいます。

　課税標準が価格になるか、数量になるかは、貨物により異なります。そこで課税標準が価格であるものを「**従価税品**」、数量であるものを「**従量税品**」と呼んでいます。また織物などで使われる両方が合わさった「**従価従量税品**[※25]」というものもあります。「実行関税率表」を見ますと数としては、従価税品が多くを占めています。

※25　たとえばある一定の価格までは課税標準が「価格」であり、それを超えると「数量」になるという貨物がこれに当てはまります。

図2-4 従価税、従量税、従価従量税の例

「たまねぎ」を例にとると、課税価格が1kgにつき67円以下のものは、従価税になり、1kgにつき67円を超え73円70銭以下のものについては、従量税になります。

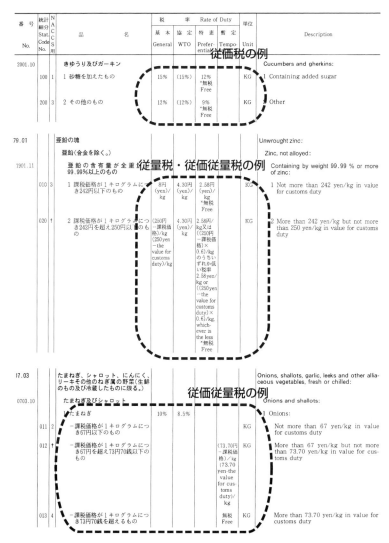

（出典　財団法人日本関税協会「実行関税率表」2019年度版）

95

　申告納税方式が適用される貨物を輸入する場合、納税義務者は、この貨物の課税標準となるべき価格や数量とともに納付すべき関税額を申告します。これを、「**関税の納付に関する申告**」略して「納税申告」といいます。

　ところで、賦課課税方式をとる貨物については、税関長が税額を確定しますから「関税の納付に関する申告」は不要です。しかし、これとは別の「**課税標準の申告**」が義務づけられている貨物があります。いくつかありますが、重要なのが「携帯品・別送品」です。

　海外旅行から帰国する時、航空機の中で「**携帯品・別送品申告書**」というのが配られます。これは、免税額を超えて携帯品を持ち込もうという場合や別送品がある場合に記入し、入国の際に税関職員に手渡すものです。これが、課税標準の申告です。ですから、よく旅行ガイドブックに海外旅行で買い物をしたらそのレシートを保管しておくとよいといったことが書いてありますね。この課税標準の申告の際に証拠として持っていた方がよいし、申告もスムーズにいくということでしょう。

　税関職員は、提出された「携帯品・別送品申告書」を参考にして税関長の名前で関税額を賦課決定します。

　なお特例として、申告された課税標準の価格が小売段階のものの場合（通常海外旅行で購入するのは、お店やデパートで購入するから小売段階といえるでしょう。）は、通常の卸取引の段階の価格に税関が引き直し課税価格を決定します。どれくらい引き直すかは、商品により異なります。具体的には公表されていませんが、おおむね小売価格の60％くらいとも言われています。

● 別送品があるにもかかわらずこの申告書を提出しなかった場合には、輸入時に「輸入（納税）申告」を行う必要があります。また、課税される場合の税率も「入国者の輸入貨物に対する簡易税率」ではなく、一般税率が適用されることになります。
　また、携帯品・別送品申告書は、入国（帰国）するすべての人に提出を義務づけています。

図2-5 入国時に提出する携帯品・別送品申告書

（A面）

日本国税関
税関様式C第5360号

携帯品・別送品申告書

下記及び裏面の事項について記入し、税関職員へ提出してください。
家族が同時に検査を受ける場合は、代表者が1枚提出してください。

搭乗機（船）名		出 発 地	

入国日	年	月	日

	フリガナ		
氏 名			

現 住 所 （日本での 滞在先）			
電 話	（ ）		

職 業	

生年月日	年	月	日

パスポート番号 旅券番号	

同伴家族 20歳以上	名 6歳以上20歳未満	名 6歳未満	名

※ 以下の質問について、該当する□に"✓"でチェックしてください。

		はい	いいえ
1.	下記に掲げるものを持っていますか？		
①	麻薬、銃砲、爆発物等の日本への 持込みが禁止又は制限されているもの （B面1.及び2.を参照）	□	□
②	免税範囲（B面3.を参照）を超える 購入品・お土産品・贈答品・金地金など	□	□
③	商業貨物・商品サンプル	□	□
④	他人から預かったもの	□	□

＊上記のいずれかで「はい」を選択した方は、B面に入国時
に携帯して持ち込むものを記入してください。

	はい	いいえ
2. 100万円相当額を超える現金、有価証券又 は1kgを超える金地金などを持っていますか？	□	□

＊「はい」を選択した方は、別途「支払手段等の携帯輸出・
輸入申告書」を提出してください。

3. 別送品	入国の際に携帯せず、郵送などの方法により別に 送った荷物（引越荷物を含む。）がありますか？
	□ はい （ 個 ） □ いいえ

＊「はい」を選択した方は、入国時に携帯して持ち込むものを
B面に記載したこの申告書を2部、税関に提出して、税関の
確認を受けてください。（入国後6か月以内に輸入するもの
に限る。）
税関の確認を受けた申告書は、別送品を通関する際に必要と
なります。

《注意事項》
海外又は到着時免税店で購入したもの、預かってきたものなど
日本に持ち込む携帯品・別送品については、法令に基づき、税
関に申告し、必要な検査を受ける必要があります。申告漏れ、
偽りの申告などの不正な行為がありますと、処罰されることが
ありますので注意してください。

この申告書に記載したとおりである旨申告します。

署 名

（B面）

※入国時に携帯して持ち込むものについて、下記
の表に記入してください。（A面の1.及び
3.ですべて「いいえ」を選択した方は記入す
る必要はありません。）

（注）「その他の品名」欄は、個人的使用に供する購入品
等に限り、1品目毎の海外市価の合計額が1万円以下
のものは記入不要です。
また、別送した荷物の詳細についても記入不要です。

酒	類			本	＊税関記入欄
たばこ	紙 巻			本	
	葉 巻			本	
	その他			グラム	
香 水				オンス	
その他の品名	数 量	価 格			

＊税関記入欄

円

1．日本への持込みが禁止されている主なもの

① 麻薬、向精神薬、大麻、あへん、覚醒剤、MDMA、指定薬物など
② 拳銃等の銃砲、これらの銃砲弾や拳銃部品など
③ 爆発物、火薬類、化学兵器原材料、炭疽菌等の病原体など
④ 貨幣・紙幣・有価証券・クレジットカードなどの偽造品など
⑤ わいせつ雑誌、わいせつDVD、児童ポルノなど
⑥ 偽ブランド品、海賊版などの知的財産侵害物品

2．日本への持込みが制限されている主なもの

① 猟銃、空気銃及び日本刀などの刀剣類
② ワシントン条約により輸入が制限されている動植物及び
その製品（ワニ・ヘビ・リクガメ・象牙・じゃ香・サボテンなど）
③ 事前に検疫確認が必要な生きた動植物、肉製品（ソーセージ・
ジャーキー類を含む。）、野菜、果物、米など
＊事前に動物・植物検疫カウンターでの確認が必要です。

3．免税範囲（乗組員を除く）

・酒類3本（760mlを1本と換算する。）
・紙巻たばこ。外国製及び日本製各200本
（非居住者の方の場合は、それぞれ2倍となります。）
・20歳未満の方は酒類とたばこの免税範囲はありません。
・香水2オンス（1オンスは約28ml）
・海外市価の合計額が20万円の範囲に納まる品物
（入国者の個人的使用に供するものに限る。）
＊海外市価とは、外国における通常の小売価格（購入価格）です。
＊1個で20万円を超える品物の場合は、その全額に課税されます。
＊6歳未満のお子様は、おもちゃなど子供本人が使用するもの以外
は課税になりません。

日本に入国（帰国）されるすべての方は、法令に基づき、この
申告書を税関に提出していただく必要があります。

（税関ホームページより）

第4講 ◉ 過少に申告してしまったときは？

（1）二つの考え方

　納税義務者である輸入者が何らかの事情により税額を過少に申告してしまったという場合、どのようにすればいいのでしょうか。

　このような場合、納税義務者は、①知らん顔をしている、②税関長に**修正申告**をして不足分の税金を納付する、のいずれかを考えると思います。

　一方、税関では納税申告に誤りがないか審査し、過少に申告されていれば、先ほどお話した税額を増額する**更正処分**を行うことになります。

　もし、納税義務者が過少申告の事実を知っているにもかかわらず知らん顔をし、さらに税関が過少申告の事実を知らなければ事無きに終わってしまいます。たしかに不足分を含めすべてを納税するのは、納税義務者の当然の義務です。しかし「修正申告をして不足分の税金を納付するなんてバカらしい。税関の更正があるまで放っておけばいい」と考える方もいるでしょう。

　このような方のための答えを、次の事例を通して考えてみましょう。

　令和××年3月10日に輸入（納税）申告を行い、申告額5,000,000円を納付しました。しかし、その後、令和××年4月1日に、申告額に不足分があることに気づきました。不足額は、8,500,000円です。ちょっとまとめてみましょう。

納税申告日及び輸入許可の日	令和××年3月10日
当初申告額	5,000,000 円
納税申告に不足分があると知った日	令和××年4月1日
不足した額	8,500,000 円

　さて、不足額を修正申告して納付するか、知らん顔をしているか、どちらを選択しますか？

（2）不足額を直ちに修正申告した場合

　申告額に不足がある場合には、不足分を納付しなければなりませんが、不足分だけを納付すればそれでよいかというと違います。不足分なくきちんと申告し、税金を納付した人との公平性を保つために、関税法は不足分がある場合には原則としてペナルティを課すことにしています。

　どのようなペナルティかと言いますと、「**延滞税**」と「**過少申告加算税**」という附帯税（ふたいぜい）を不足分の本税（ほんぜい）（本来の関税）のほかに課すというものです。

　この例で言えば、不足額850万円のほかに延滞税と過少申告加算税が別途課税されるわけです。しかし、鬼の目にも涙、というよりもむしろ政策的な理由から、不足額があったと気がついて（自主的に）直ちに**修正申告**をしたときは、過少申告加算税は課されないことになっています。もっともそうであっても税関調査[※26]（輸入事後調査）の事前通知があ

図2-6　申告した関税額に不足があると…

税関調査の事前通知前に自主的に
修正申告をしたときは課されない

ペナルティも
プラスされる！！

輸入者

※ 26　税関調査とは、納税が関税法などの法令に従ってきちんと行われているかどうかを、税関職員が調査することです。輸入事後調査を行う場合、税関から事前通知があります。

った後の修正申告に対しては、新たに納付すべき税額（増差税額という）に対し、5％（100分の5）の過少申告加算税が課されます。

では、まず具体的には、延滞税はいくらかかるのか、通常の場合には次の計算式で算出されます。

> 延滞税の計算式
>
> 不足分の関税額（1万円未満切捨）× 7.3% × $\dfrac{\text{延滞日数}}{365\,\text{日}}$

延滞税率は、7.3％と計算式ではなっていますが、この7.3％とは、関税法12条1項に規定されている税率です。さらに、これとは別に納期限から2ヵ月を経過した日後の延滞税率は、14.6％とも規定されています。二つの延滞税率について、修正申告を行った場合を例にとって説明しましょう。

図2-7を見てみましょう。

輸入（納税）申告を行い納税し、輸入許可を受けた場合で、その後過少申告に気がつき修正申告をした場合の図です。

図2-7　修正申告と法定納期限、納期限

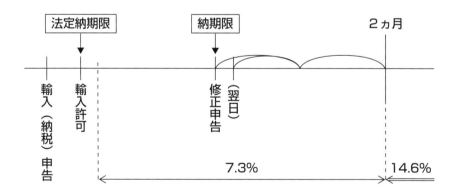

　この場合、本来、輸入する貨物の関税をすべて輸入許可の日、すなわち、「法定納期限」までに納付する必要があります。しかし、何らかの事情で過少に申告してしまったので、その後に修正申告をし、差額分（＝増差税額）を納付したものです。この場合、修正申告の日が「納期限」となり、この日までに納付しないと差し押さえなどの滞納処分がされる可能性も出てきます。

　ところで、延滞税率の話に戻りましょう。

　輸入許可の日すなわち「法定納期限」の翌日から不足分の税額に対し延滞税は、課税されます。関税法12条1項では、延滞税は、7.3%の税率で課されると規定しています。そして、納期限、この場合は、修正申告の日の翌日から2ヵ月を経過した日後の延滞税については、倍の14.6%と規定されています。通常は、修正申告してから2ヵ月も放っておくということはないので、14.6%が適用されるのは稀なケースでしょう。

　さて、延滞税率の話はまだ続きます。

　この7.3%や14.6%の延滞税率は、今の金利水準からみていくらペナルティといっても高率すぎて納税義務者にとって酷です。そこで、関税法の附則でもってこの税率を修正しています。

　ここでは、7.3%部分の延滞税率を「延滞税特例基準割合プラス1％」とし、この数字が7.3を超えるときは7.3%とする、としています。また、14.6%部分については、「延滞税特例基準割合プラス7.3%」とし、この数字が14.6%を超えるときは14.6%とするとしています。

図2-8　附則で定める延滞税率

7.3％の部分　…　延滞税特例基準割合　＋1％

14.6％の部分　…　延滞税特例基準割合　＋7.3％

101

ところで、延滞税特例基準割合とは何でしょうか。

これは、「前々年度の9月から前年度の8月までの各月における銀行の短期貸出し約定金利を12で除した割合として各年の前年の11月30日までに財務大臣が告示した割合」（平均貸付割合）に1％を加算した割合のことです。これはもちろん、財務省のホームページにも告示されます。この割合は、関税の延滞税だけではなく、所得税などの場合にも共通に使用されます。

たとえば、令和2年11月30日に財務大臣が告示した割合は0.5％です。したがって、延滞税特例基準割合は1.5％です。そうすると、令和3年1月1日から12月31日までの延滞税率は2.5％（1.5％プラス1％）、納期限の翌日から2ヵ月経過した日後の税率は8.8％（1.5％プラス7.3％）に修正されます。

このように、毎年財務大臣により告示される割合により翌年の延滞税率が変動するのです。

では実際に延滞税を計算してみましょう。延滞税率は、2.5％とします。

「延滞日数」というのは、この場合、輸入許可の日（＝「法定納期限」☞p128）の翌日から実際に関税を納めた日までをさします。

先ほどの例で、4月1日に不足分を納付したとすると、法定納期限である輸入許可日の翌日である3月11日から4月1日までは22日間なので、次の計算式で延滞税が算出されます。

850万円（1万円未満切捨）×2.5％×22日／365日＝12,808円

納付すべき延滞税額となりますと、**百円未満を切り捨てますので**、12,800円になりますね。このように税関調査通知前に自主的に修正申告をした場合、不足分の850万円と延滞税12,800円を納めれば解決です。

（3）税関長の更正があった場合

次に過少申告加算税です。

不足額があることは気がついていたが修正申告をせずに、税関長が増

額更正するまで放っておいた場合、どうなるでしょうか。

比較のため、更正処分にかかる納付すべき不足額（850万円）を前の例と同様に4月1日に納付したと仮定しましょう。

先ほどお話したように、不足分の本税（850万円）のほかにペナルティとして、延滞税と過少申告加算税が課税されますが、延滞税の額は、直ちに修正申告した場合と同様に12,800円です。ところが先ほどの例と異なり、過少申告加算税が賦課されます。

過少申告加算税の課税は、もっぱら税関長の処分によって税額が確定する「賦課課税方式」によります。ですから「過少申告加算税額を賦課決定する」と表現します。それでは、納付すべき過少申告加算税の額はいくらでしょうか。

過少申告加算税は、次の①②の方法で算出できます。

①　過少申告加算税10%の部分

不足分の関税額（1万円未満切捨）×10%

なお、この不足分の関税額のことを「増差税額」と呼んでいます。

②　さらに次のような場合には①に加えます。

（手順1）当初申告額（いちばん最初に申告した額）と50万円といずれか大きい額を選択する。

（手順2）手順1で選択した額と①の増差税額を比べ、増差税額の方が大きい金額である場合には、その差額の5%を①で求めた過少申告加算税額に加える。

面倒な手順だと思うかも知れませんが、慣れればどうということはありません。

以上の手順で先の例について計算してみましょう。

①の部分

850万円（1万円未満切捨）×10%＝85万円

②の部分

（手順1）

当初申告額500万円と50万円を比べる。…500万円の方が大きい

（手順２）

増差税額 850 万円と当初申告額 500 万円の差を算出する。

850 万円 − 500 万円 = 350 万円

350 万円（1 万円未満切捨）× 5 ％ = 17 万 5,000 円

したがって、85 万円 + 17 万 5,000 円 = 102 万 5,000 円（百円未満切捨）が過少申告加算税として賦課課税されます。

この結果から、先ほどの例と比較すると 102 万 5,000 円も負担増！ということになりますね。

これは、延滞税額が同じと仮定して計算したもので、税関の更正がさらに遅くに行われたとするならば、延滞税額は、より大きなものになってしまいます。気づいたら直ちに自主的に修正申告した方が負担が少なくて済む、ということがおわかりになったでしょうか。

なお、修正申告や更正が偽りその他不正の行為により免れた関税に係るものでない場合には、法定納期限（通常は輸入許可の日）から 1 年を経過する日の翌日から、修正申告書が提出され、又は更正通知書が発せられた日までの期間は、延滞日数から除かれることになっています。

図2-9　やはり自主的な修正申告の方がトク!?

（事例）
納税申告日及び輸入許可日　令和××年3月10日
納税申告額　　　　　　　　　　5,000,000 円
関税の不足分を納付した日　令和××年4月1日
不足額　　　　　　　　　　　　8,500,000 円

	自主的に修正申告した場合	税関長の更正があった場合
税額の不足分	8,500,000 円	8,500,000 円
延滞税	12,800 円	12,800 円
過少申告加算税	課税されない	1,025,000 円
負担税額の合計	8,512,800 円	9,537,800 円

　このように「自主的に」納税を行うことによりペナルティが軽減されます。

　これらは、納税義務者の自主的な行為が「納税の民主化」の前提であることを意識したものなのです。この「**自主的な修正申告**」の範囲は、「その申告に係る関税についての調査があったことにより当該関税について更正があるべきことを予知してされたものでないとき（関税法12条の2第4項）」とされています。しかし、そうであっても、税関調査の通知後に修正申告がされたときは、5％の過少申告加算税が課されます。

　一方で、輸入者に対する実地調査や輸入者の取引先に対する**反面調査**[※27]など、税関の具体的調査があったことを知り、あわてて修正申告を行った場合には、「自主的な修正申告」とはいえず、税関長は、10％の過少申告加算税を課すことになります。

　これら過少申告加算税が課される場合、すでに述べたように、一定の条件下でさらに5％加算がされる場合があります。

図2-10　自主的に修正申告したとはいえない場合

※27　反面調査とは、輸入者の申告を裏づけるために輸入者の取引先に対し、取引金額等の照会・調査を行うことです。

105

第5講 ◉ 修正申告と更正の違いは？

（1）修正申告と更正の相違

「税関の事後調査で過少申告を指摘され修正申告をしたのだが、さらに更正処分がされるのだろうか？」という質問をよく受けますが、修正申告を行い正しい税額が確定したら、税関長には、あらためて更正する意味はありません。

この逆も言えます。税関長の更正があった場合には、更正により税額が確定しますから、その後に修正申告をしても意味がありません。ですから、関税法では、**修正申告を行うことのできる期間を「税関長による更正があるまで」**としているのです。

通常、税関は過少申告を指摘したときは、まず、修正申告を行ってください、と修正申告に応じるように求めます。修正申告は納税義務者である輸入者が行うものであり、これにより正しい税額が確定します。このように修正申告により税額の確定がされる過程では、税関はいっさい関与しておらず、過少申告という事実の指摘をするだけです。この指摘に応じない場合に、更正処分を行います。

もう一つ、修正申告と更正の大きな差異を見ておきましょう。

過少申告を指摘されて、もし不服があった場合には、修正申告に応じてはいけません。修正申告は、納税義務者自らが行うものですから修正申告を行った後では、その申告に対し**不服申立て**はできません。税関の指摘を受け、修正申告を行うということは、自らの間違いを認めるということです。この点が更正との違いです。更正処分は国家権力による処分ですから、これに対し不服がある場合は、税関長や財務大臣に対し不服申立てを行うことができます。

不服があるのに修正申告に応じると、関税法などで定める不服申立システムが利用できなくなります。また、裁判をする場合にも「**行政処分**

の取消しの訴え」などができません。ただし、修正申告額が過大であった場合には、税関長に「更正の請求」を行うことができます。

図2-11 更正に対する不服申立てのしくみ

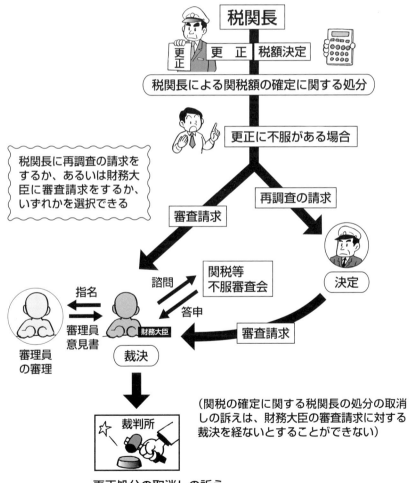

税関長に再調査の請求をするか、あるいは財務大臣に審査請求をするか、いずれかを選択できる

（関税の確定に関する税関長の処分の取消しの訴えは、財務大臣の審査請求に対する裁決を経ないとすることができない）

（2）延滞税及び過少申告加算税が免除される場合

これまでの話で皆さんは次のことを理解されたと思います。

① 過少に申告してしまった場合には、延滞税が原則として課税される。

② 過少に申告してしまったので税関調査通知前に自主的に修正申告を行ったときは、過少申告加算税は課税されない。

ところで「延滞税」や「過少申告加算税」の課税が免除される場合があります。

1．延滞税の免除

「延滞税」の税額の確定の方式は、申告納税方式によるものでも賦課課税方式によるものでもありません。法定納期限までに関税が納付されずに延滞が生じると関税法12条の規定により自動的に延滞税額が確定します。しかし、次のiとiiの両方を満たすときは、法定納期限の翌日から関税につき修正申告をした日又は、更正通知書若しくは賦課決定通知書が発せられた日までの日数に対応する部分の金額の延滞税が免除されます。

i やむを得ない理由により税額などに誤りがあったため法定納期限後に不足分が確定した場合

ii この事情について税関長の確認があったとき

ではiの「やむを得ない理由により税額などに誤りがあったため」とは、具体的にはどのようなことでしょうか。

たとえば、Ａ法人はある貨物を輸入する際、所轄の税関に行ってその貨物の税番、税率などを事前に教示してもらいました。この「事前教示」という制度は、各税関で広く行われている制度です。あらかじめ輸入貨物が実行関税率表（タリフ）のどこに該当するものなのか（これを「関税率表上の所属区分」といいます。）、そして適用される税率はどうなるのかについて税関に照会し回答してもらうのです。

ところで、Ａ法人に対する事前教示の回答書が誤っていた場合で、Ａ法人はそれを信じて納税申告を行い、かつその事前教示を信頼したこと

について輸入者に何ら責任がない場合、延滞税が免除されます。しかし、税関のミスに気がついていたがそれを奇貨（きか）として過少に申告した場合は、この規定には当てはまりません。

　さらに一定に事由があった場合に延滞税を免除するシステムもあります。このシステムには、①延滞税が全額免除される場合と②納期限から2月を経過した後の延滞税額のうち、延滞税率（14.6%）の2分の1に相当する額が免除される場合があります。後者の場合の免除は、延滞税率の7.3%部分ですが、関税法附則では、「猶予特例基準割合」を超える部分の方が大きい場合、その部分が免除されると修正されています。この猶予特例基準割合は、平均貸付割合に0.5%を加算したものです。令和2年の11月に告示された平均貸付割合は、0.5%ですから、令和3年の猶予特例基準割合は、1%になります。つまり、1%を超える部分が免除の対象になります（図2-12参照）。

　ところで令和元年の試験に「納税義務者が法定納期限までに関税を完納しなかったことにより、その未納に係る関税額に対し、延滞税を納付しなければならない場合において、関税法2条の3（災害による期限の

図2-12 特例延滞税額を超える部分の金額の免除とは

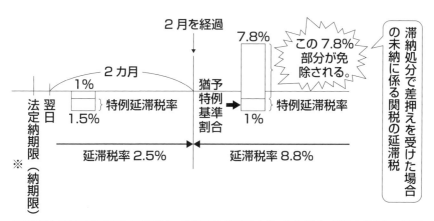

※原則として法定納期限と納期限は，納税申告の日ですが，たとえば，過少申告をし，修正申告をした場合，納期限は修正申告の日となります。（⇒第8講（4））

延長）の規定によりその関税を納付すべき期限が延長されたときは、その関税に係る延滞税については、その延長した期間に対応する部分の金額を免除することができる。」と出題されました。これは、納期限を延長した期間に対応する部分の金額は**全額免除**されるので、正しい記述です。

一方、国税徴収法で定める滞納処分により差押えを受けた場合の例を見てみましょう。

「滞納処分」とは、税関長が関税を滞納している者に対し、その者の財産を差し押さえ、これをお金に換え（換価）、滞納している関税に充当するという一連の処分をいいます。滞納処分は、納期限が経過した後も滞納が続いている場合におこなわれます。

この滞納処分により財産を差し押さえられた納税義務者は、未納に係る関税の延滞税について、猶予特例基準割合により計算した**特例延滞税額**を超える部分の金額が**免除**されます。

２．過少申告加算税の免除

過少申告加算税が賦課されない場合について、関税法では、過少申告したことについて「**正当な理由**」がある場合と規定しています。この「正当な理由」とは何でしょうか。

この点、通達では、「納税申告が過少であったことについて真にやむを得ない事由があると認められる事実に基づく税額で、当該税額に過少申告加算税を賦課することが不当又は著しく過重な負担を課すこととなる場合」と言っています。

具体的には、やはり延滞税の免除の場合と同様のケースが考えられます。

ただし延滞税の方は、延滞の事実とともに法令により自動的に延滞税の税額が確定しますので、納税義務者は「**延滞税の免除申請**」を行う必要があります。一方、過少申告加算税については、賦課決定されるものですから、過少申告加算税の免除申請という制度はありません。もし、課された過少申告加算税について不服がある場合に、不服申立てを行うことができます。

第6講 ◉ 「無申告」はどうなる？

（1）決定に対する更正及び修正申告

関税法では、「無申告」というと次のような場合をさします。

① **密輸**の場合。この場合は、輸入申告も納税申告もしないで秘密裏
に外国貨物を日本に引き取るものです。まさに犯罪そのものですね。

② 保税蔵置場などの保税地域などから**納税申告前**に外国貨物を勝手
に持ち出した場合。

③ 特例申告の**期限**（輸入許可の日の属する月の翌月末日）までに**特
例申告**を行わなかった場合。

　無申告により日本に引き取られた貨物に対する関税額は、税関長の**決
定処分**により確定します。納税義務者は決定処分により確定した関税額
を納付するとともに、ペナルティである「**延滞税**」及び「**無申告加算税**」
も納付しなければなりません。

　もちろん、関税法第10章の罰則規定により刑事罰も用意されていま
すが、ここでは刑事罰については触れません。

　ところで、税関長の決定処分を受けた場合でその決定額が正確な税額
よりも少なかった場合、納税義務者は、修正申告を行うことができます。
もちろん、税関長もその決定処分に対して更正を行うこともできます。
この場合、いずれにしても不足分に対して延滞税と無申告加算税を納付
することになります。

（2）無申告加算税

　無申告加算税率は、無申告であった納付すべき税額ごとに次のように
規定されています。

① 50 万円以下の部分に相当する税額・・・・・・・・・・15％

② 50 万円を超え 300 万円以下に相当する税額・・・・・20％

③ 300 万円を超える部分に相当する税額 ・・・・・・・・30％

この数字だけではわかりにくいので例を挙げましょう。

無申告であった納付すべき税額が 500 万円であったとします。

この 500 万円のうち 50 万円の部分は 15％の税率が、50 万円を超え 300 万円までの部分、つまり、250 万円に対しては 20％が、そして 300 万円を超え 500 万円までの部分、つまり 200 万円に対しては、30％が適用されます。

先ほど、関税法で無申告になる場合の例を 3 つ挙げましたが、そのうちの②と③の**無申告加算税**について考えてみましょう。

《**保税蔵置場などの保税地域などから輸入許可がされる前に勝手に持ち出した場合**》

図 2-13　決定処分と延滞税、無申告加算税

刑事罰
（関税法第10章）

輸入者

無申告で輸入！

112

この場合、税関長は決定処分をし、さらに無申告加算税を課します。しかし、無申告であったことに「正当な理由」がある場合、無申告加算税は課されません。保税地域から納税申告前に持ち出されたときでも、災害などやむを得ない事情であれば、「正当な理由」といえるでしょう。

《特例輸入者等が特例申告の期限（輸入許可の日の属する月の翌月末日）までに特例申告を行わなかった場合》

図2-14のように特例輸入者等は、納税申告（特例申告）を「輸入許可の日の属する月の翌月末日」までに行い、関税を納付しなければなりません。この期限までに特例申告がされなかった場合、税関長は決定処分を行うことができます。決定処分が行われますと、本税のほか無申告加算税と延滞税が徴収されます。たとえば5月に輸入許可がされた場合、6月末日までに特例申告を行わないと無申告の扱いになってしまうのです。

ところで、この期間が経過した場合、上記の例で言えば、7月1日以降になっても決定処分がされていない場合には、自主的に期限後特例申告書を提出できます。この場合も「正当な理由」がない限り、延滞税及び無申告加算税は徴収されます。

ただし、自主的に**期限後特例申告**を行った場合の無申告加算税率は軽減されます。申告が**税関調査通知前**に行われた場合には、納付すべき関税額の**5**％となります。また、申告が**税関調査通知後**に行われた場合にも、無申告であった納付すべき税額の区分ごとに無申告加算税率が軽減されます。

ところで、「自主的に期限後特例申告を行う」とは、「決定処分等があることを**予知**してされたものではないこと」という意味です。

さて、決定処分に対し修正申告を行うことができると言いましたが、同じように期限後特例申告を行った場合にも、それが過少申告である限り修正申告ができます。この場合、やはり同じように延滞税と無申告加算税が課されます。この場合の無申告加算税の税率はどうなると思いま

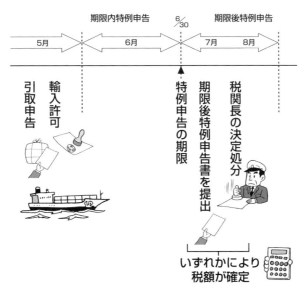

図2-14　特例輸入者の期限後特例申告

期限内特例申告　　　6/30　　期限後特例申告

5月　　　　6月　　　　7月　　8月

輸入許可
引取申告

特例申告の期限

期限後特例申告書を提出

税関長の決定処分

いずれかにより
税額が確定

原則として **延滞税** ＋ **無申告加算税**
が課税される！

すか？

　期限後特例申告に係る税額の修正申告が、増額更正があるべきことを**予知**して行われたものでない場合で、**税関調査通知前**に行われた場合には、税関調査通知前に自主的に期限後特例申告を行った場合と同様に、**5％**に軽減されます。

　ところで、過去**5年**の間に無申告加算税や更正を予知してなされた修正申告や更正などにより重加算税が課されたことがある場合や、前年及び前々年の関税について無申告加算税等を課されていたことがある場合には、無申告加算税の額は、さらに**10％**が**加算**されます。

　修正申告に関して重要なことがもう一つあります。それは、「税額」を過少に申告した場合のみ修正申告ができるということです。「課税標準」にいくら不足額があっても税額に不足額がない限りは、修正申告という制度を利用できません。

たとえば、次の例を見てください。

（当初申告時）課税価格　　1,000,000 円

税　　率　　　　　10%

税　　額　　　100,000 円

しかし、その後課税価格が、1,000,990 円であることに気づきました。この場合、当初申告税額に不足が生じるでしょうか。

答えは、ノーです。

なぜなら、税額計算にあたって課税価格は、千円未満を切り捨てて計算するからです。したがって、

1,000,000 円（千円未満切捨）×10% = 100,000 円

となり、税額は変わりませんね。このような場合には、修正申告はできない、ということです。

関税法7条の14の条文には、「申告又は更正に係る課税標準又は納付すべき税額を修正できる。」と書かれていますが、その前提条件は、「納税申告などにより納付すべき税額に**不足分**があるとき」や「納税申告などにより納付すべき税額がないこととされた場合において**納付するべき税額**があるとき」に限って、とされています。

図2-15　修正申告ができるのは？

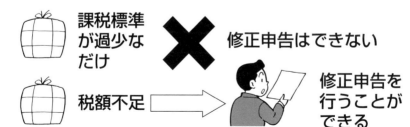

課税標準が過少なだけ　✕　修正申告はできない

税額不足　→　修正申告を行うことができる

第7講 ◉ 隠蔽、仮装して関税を免れたときは？

　仕入書を改ざんしたり、契約書を改ざんしたり、原産地証明書の虚偽申請などを行って関税を**不正**に**免れた場合**に課されるペナルティが**重加算税**です。

　この重加算税は、過少申告加算税や無申告加算税に代わって課されるものですから、これらの加算税が併合されて課されることはありません。

　たとえば、関税の納税申告をした場合で関税の不足額が800万円あったとしましょう。この場合、過少に申告したことになりますから、過少申告加算税の課税対象になります。しかし、この過少申告加算税の計算の基礎となるべき事実の中で、500万円の部分が仕入書を改ざんした結果不足したものと認定されれば、この部分については、重加算税が課されることになります。そして、残りの300万円の部分については、過少申告加算税が課されます。なお、重加算税も賦課課税方式により税額が確定します。

　また、重加算税の場合も過去5年の間に決定処分により無申告加算税や、更正を予知してなされた修正申告や更正などにより重加算税が課されたことがある場合等には、重加算税の額は、**10%**がさらに**加算**されます。

表2-16　重加算税の税率

区　　　分	過去5年以内に無申告加算税又は重加算税を課されたことの有無	
	無	有
過少申告加算税に代えて課されるもの	35%	45%
無申告加算税に代えて課されるもの	40%	50%

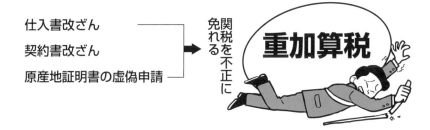

図2-17 関税を不正に免れると…

仕入書改ざん

契約書改ざん

原産地証明書の虚偽申請

→ 関税を不正に免れる

重加算税

第7講

隠蔽、仮装して関税を免れたときは?

第8講 ◉ 通関業者が過少申告したときは？
～こんなきまりも見てみよう～

（1）通関業者が過少申告した

　通常、輸入（納税）申告書は、通関業者に依頼して作成してもらい、さらに税関に提出してもらいます。ほとんどの場合、通関業者は輸出入・港湾関連情報処理システムを利用して申告手続を行います。「輸出入・港湾関連情報処理センター株式会社（NACCS センター）」にあるコンピュータを介し通関業者の端末機と税関の端末機が接続されています。通関業者が端末機に輸入（納税）申告を入力すると**電気通信回路**を通り NACCS センターにある**コンピュータのファイル**に記録されます。そして記録された時にこの申告が税関に到達したものとみなされています。これらのことは、関税法や通関業法などの特別法である「電子情報処理組織による輸出入等関連業務の処理等に関する法律（NACCS 法）」に詳しく規定されています。

　ところで、ここでの話題は NACCS ではありません。通関業者がこれらを利用して輸入（納税）申告を行い、輸入許可を受けた後、過少申告であったため増額更正を行う旨の通知を税関から受けた場合のことです。

　増額更正が行われた場合には、不足分はもとより、延滞税や過少申告加算税も納付することになります。場合によっては通関業者はこれらを弁償する事態も起こるでしょう。通関業者の信用にもかかわります。

　そこで、**通関業者や通関士について定めている**通関業法では、「他人の依頼に応じて通関業者が行った納税申告に対して増額更正を行った場合、税関長はその通関業者に対して意見を述べる機会を与える」ように規定しています。

　たとえば、法令の解釈などについて税関当局と見解の相違があった場

合などが考えられます。

　ただし、桁を間違えたり、外国通貨を本邦通貨に変換するときのレートを間違えたなどといった**客観的に明らかな誤り**については除かれます。

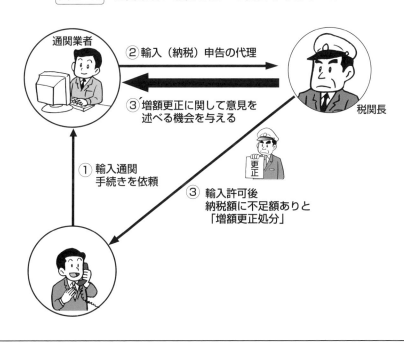

図2-18　通関業者に意見を述べる機会を与えるのは？

通関業者

②輸入（納税）申告の代理

③増額更正に関して意見を
　述べる機会を与える

税関長

更
正

①輸入通関
　手続きを依頼

③輸入許可後
　納税額に不足額ありと
　「増額更正処分」

（2）納税申告において過大に申告してしまった場合

　これまでお話した修正申告は、申告した税額が過少の場合のみ使える方法でした。では、納付すべき関税額を100万円と申告したが実は75万円が正しかったというとき、つまり過大に税額を申告してしまったとき、納税義務者はどのような手続をとればよいのでしょうか。

　申告書をとりあえず返してもらって書き直す——というほど、事は簡単でありません。なぜなら納税申告によって納付すべき関税額がすでに「確定」しているからです。確定というのは、国がその額を請求し徴収

する権利（租税債権）を持つことであり、また納税義務者はその額を国に支払わなければならない義務を負う、ということなのです。ですから、この額を変更するには納税義務者（債務者）の一方的な申し出ではダメで、国に判断してもらうことが必要なのです。

　そこで、納税義務者は国に対して更正をしてくれと求めることになります。つまり、「100万円と申告したが、正しい税額は75万円であるから、減額する更正をしてほしい」と更正を請求するのです。これを「更正の請求」といいます。

　これに対して、税関長が「更正の請求」に理由があると認め更正をしますと、納付すべき関税額は、75万円に確定します。逆に税関長が更正の請求を認めない場合には、100万円と確定した関税額に影響はありません。つまり、納税義務者の100万円の納税義務に変わりはないとい

図2-19 更正の請求

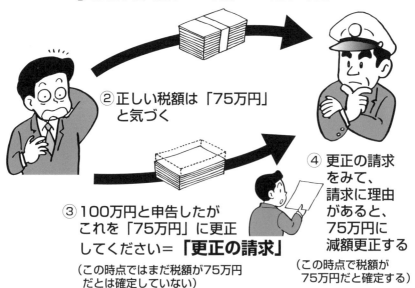

① 納税申告（納付すべき関税は100万円と申告）

② 正しい税額は「75万円」と気づく

③ 100万円と申告したがこれを「75万円」に更正してください＝「更正の請求」
（この時点ではまだ税額が75万円だとは確定していない）

④ 更正の請求をみて、請求に理由があると、75万円に減額更正する
（この時点で税額が75万円だと確定する）

うことです。

　このように「更正の請求」の段階では関税額は確定せず、「更正」があって初めて関税額が確定します。同じ納税義務者の行う「修正申告」では、それを行うことにより修正後の関税額が直ちに確定します。このことは、かなり大きく違うところです。

（3）更正、決定、賦課決定——公権力行使への歯止め

　税関長が税額を確定できる行政処分に、更正、決定、賦課決定があることはすでに述べました。つまり、公権力の行使によって関税額を確定させることができる処分です。国家の権力とは強大なものです。水戸黄門のドラマに出てくるような悪代官の恣意に満ちた行政が行われたら、たまったものではありません。民主的なシステムによって公権力行使に歯止めをかけることも必要です。具体的には、①国家の権力行使に対して調和の取れた制限が法定化されていること、②国家権力に対する救済規定や補償規定が定められていること、などが挙げられます。更正などの行政処分によって税額が確定するのですから、不当又は違法な更正などが行われたら、憲法で保障されているはずの皆さんの財産権が国によって侵害される結果になります。「文句を言うな、払え、払わないと差し押さえるぞ」では、法治国家とはいえませんね。

　そこで関税法では、**国が更正、決定、賦課決定を行える期間**を制限しています。また、前にも述べたように更正、決定、賦課決定に対し不服申立てを行うことも可能ですし、さらには裁判所に「更正などの処分の取消しの訴え」などを起こすことにより司法判断を求めることもできます。

図2-20 税関長が税額を確定できる行政処分とは？

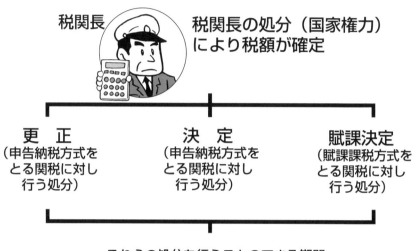

税関長　税関長の処分（国家権力）により税額が確定

更　正
（申告納税方式を
とる関税に対し
行う処分）

決　定
（申告納税方式を
とる関税に対し
行う処分）

賦課決定
（賦課課税方式を
とる関税に対し
行う処分）

・これらの処分を行うことのできる期間
　を制限している
・不服者に救済制度あり

・不服申立て
・取消しの訴え

　次の図2-21を見て、複雑怪奇などと思わないでください。税関長は、通常の更正や賦課決定は、法定納期限等（☞p128）から5年間行うことができます。しかし原則として5年を経過したら、もはや行うことはできません。

　携帯品、別送品等については、ちょっと違います。これらについては、入国（帰国）の際に「課税標準の申告」が必要です。納税申告ではありません。いくらで買ったのかを申告する義務があります。実は、この「課税標準の申告」をきちんと行ったかどうかにより賦課決定を行うことができる期間が異なります。課税標準の申告を行っている場合には、法定納期限等から3年以内です。一方、申告がなかった場合は、原則通り法

定納期限等から５年行うことができます。

　また、「**関税ほ脱**」にかかわるものは、法定納期限等から７年間、更正、決定、賦課決定を行うことができます。「関税ほ脱」というのは、「偽りその他不正の行為により関税を免れ又は関税を納付すべき貨物について関税を納付しないで輸入した場合」（関税法 110 条）のことをいいます。このような犯罪行為には、併せて罰則規定もあります。

図 2-21　更正、決定、賦課決定のできる期間

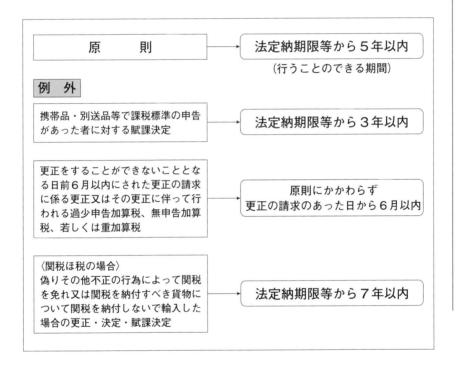

（法改正）令和２年度の関税法改正により、無申告加算税の賦課決定を行うことのできる期間（法定納期限等から５年以内）が終了する間際（３月以内）にされた修正申告や期限後特例申告に対し、修正申告のあった日又は期限後特例申告の提出日から３月を経過する日まで無申告加算税の賦課決定ができる。又、税関が外国当局等に対して情報提供の要請を行った場合、要請に係る書面が発せられた日から３年間、更正、決定等ができる。

更正、決定、賦課決定の行うことのできる期間が原則として法定納期限等から５年（携帯品、別送品等においての課税標準の申告を行っている場合３年）であるとお話しましたが、時々これを時効のことかと思われる方がいます。が、時効とは異なります。

たとえば、租税債権（国が納税義務者に対して税金を支払うように請求する権利）の時効は、原則として法定納期限等から５年です。つまり、こちらの請求権は５年経てば消滅してしまい、もはや国は「税金を払え」と言えなくなるのです。

"だって、更正などの処分も５年経てばできなくなるのだから時効と意味が同じじゃないか"と思うでしょう。しかし、決定的な違いは「更新があるかないか」なのです。

時効の場合には、「**時効の更新**」があります。

「権利の上に眠るものはこれを保護しない」という法諺（ほうげん）がありますが、請求権が存在する（＝"権利の上に"）にもかかわらず、請求をしない者（＝"眠るもの"）は法的に保護しないということです。法定納期限等から５年間請求しない場合には、もう請求する意思なんかないな、それだったら請求権は消滅させちゃおう、というのが「消滅時効」の考え方です。

しかしながら、権利を主張する者に対しては法律が保護してくれます。一生懸命に請求しているにもかかわらず、相手が払わないと言い張り、そのまま５年経ったら請求権が時効により消滅してしまうなんて、請求権を持っている者に対して酷過ぎますね。それと、５年間逃げ隠れた債務者が勝ちというのではあまりにも公平性に欠けます。そこで法律は、「時効の更新」という制度を設けました。

たとえば、督促によりこれまで進行していた期間はご破算になり、ここから新たに時効が進行しますから、また５年間請求権が確保されるということになります。これが「時効の更新」というシステムです。時効の更新の事由になる事柄は図２-22の通りです。このように権利を主張することにより、法律はその権利を守ってくれるというわけです。

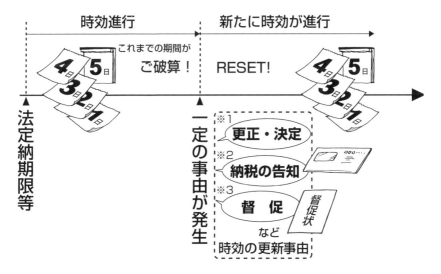

図2-22 時効の更新

時効の更新の具体的な時期
※1　更正・決定─納期限を経過したとき
※2　納税の告知─納期限を経過したとき
※3　督　促　　─督促状又は納付催告書を発した日から10日を経過したとき

第8講　通関業者が過少申告したときは？　～こんなきまりも見てみよう～

　一方、更正、決定、賦課決定の行うことのできる期間には、中断させるシステムはありません。

　昔、「スパイ大作戦」というアメリカのテレビドラマがあって、本部からの指示を録音したテープをスパイが聞き終わるや煙とともにそのテープが自動的に消滅するシーンがありました。更正などの処分は、このテープと同様にその期間が経過すると、もはやパッと煙とともにできなくなります。

　この期間のことを、法律では「**除斥期間**」と呼んでいます。更正など関税額の確定という強大な国家権力の行使に歯止めをかけるため、除斥期間のシステムを導入したわけです。これにより国の恣意的な税額の確定を阻止し、さらにはすみやかな税額の確定に寄与します。

　しかし、いったん関税が確定したら国は請求権を行使できます。この請求権は、「時効の更新」のシステムを使い時効管理を行うことにより永遠に請求ができますし、滞納者には、国税徴収法に規定するシステムを使って“納税義務者の財産の差し押さえ→競売→換価→税金に充当”という方法（滞納処分）により強制的に税金を徴収できるようになっています。

　この国税徴収法のシステムの大きな特徴は、民事執行の場合とは異なり、裁判所の判断なしに国が強制的に税金を徴収できることです。つまり、国の「**自力救済**」が認められています。

　もちろんこれに対し、納税義務者には、「不服申立て」「処分取消訴訟」「国家賠償請求訴訟※28」などの道があります。

※28　固定資産税について税額が過大に賦課決定されたことに対し、国家賠償請求の訴えを起こした事件がありました。この訴えに対して、最高裁判所は、賦課決定（行政処分）が違法であることを理由として国家賠償請求をするについては、あらかじめ当該行政処分について取消し又は無効確認の判決を得なければならないものではない、とし、直接国家賠償請求ができるとしました。平成22年6月3日の判決です。

図2-23 いったん関税額が確定したら国は請求権を行使できる！

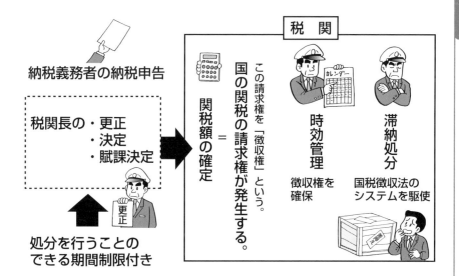

127

（４）法定納期限、納期限及び法定納期限等

　法定納期限と納期限がどう違うのか、頭を悩ます方が多くいます。

　この文字に惑わされては、いけません。ある輸入に関して法定納期限までに関税が納付されない場合には、そのペナルティとして延滞税を払わなければなりません。つまりその期限までに関税が納付されていれば延滞税は徴収されず、逆に納付されていない場合には延滞税が徴収されるということになります。延滞税が課されるかどうかの基準日が「**法定納期限**」だと考えてください。

　次に、「**納期限**」です。納期限までに関税が納付されていないと「滞納処分」の対象になります。つまり、預金などの財産の差し押さえなどが可能になります。

　両方とも“納期限”という共通の言葉がつくので混乱してしまいがちですが、このように両者にはそれぞれの存在意義があります。通常の場合、法定納期限も納期限も同じ日です。しかし、理解しやすいように法定納期限と納期限が異なる場合を例にとって話を進めていきましょう。

　たとえば、納税申告（納付すべき関税額 100 万円）を行い 100 万円を納付し輸入許可された後、申告額に不足額があることが判明しました。そこで修正申告をしました。この場合、修正申告に係る不足分の関税の法定納期限と納期限はいつでしょうか？

　結論から言いますと法定納期限は「輸入許可の日」で、納期限は「修正申告の日」です。つまり、修正申告した場合には、法定納期限である輸入貨物の輸入許可の日にさかのぼって延滞税を計算します。延滞税の計算の方法は、すでにお話しましたね。一方、修正申告の日に関税を納付しない場合には、滞納処分の対象になります。ですから、法定納期限の翌日を「延滞税計算の起算となる日」、納期限の翌日以降は「督促・滞納処分が可能になる日」と言い換えて覚えた方が、悩みは少なくなるのではないでしょうか。

　ところで、もう一つ「**法定納期限等**」という表現があったことに気が

つかれましたか。これは、更正、決定、賦課決定を行うことのできる期間の起算日、あるいは、時効の起算日として出てきたものであって、関税等の納付の期限とは少し違います。

たとえば輸入許可前の引取り承認（BP承認）を受けた貨物の関税の場合を例にとりましょう。図2-24で見るように、BP承認を受けた貨物にかかる関税の更正ができる期間は、㋐の「BP承認の日」の翌日が起算日になります。法定納期限は㋑の時点、つまり関税法7条の17に規定する納付通知書あるいは、更正通知書が発せられた日です。一方、延滞税の起算日は、法定納期限の翌日ですから、「関税法7条の17に規定する納付通知書などが発せられた日」の翌日になります。

このように、更正、決定、賦課決定を行うことのできる期間の基準日を、法定納期限と区別して「**法定納期限等**」として表現しています。

さらに「関税法7条の17に規定する納付通知書などが発せられた日の翌日から起算して1月を経過する日」つまり、㋒が、納期限です。

図2-24 法定納期限、納期限、法定納期限等の違いを見てみよう

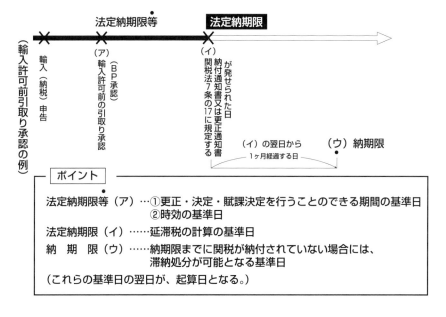

クイズで学ぶ　Part II

1．過少に申告してしまった場合、納税義務者（輸入者）が税関長に対して行う手続はどれですか。

    a　修正申告

    b　更正の請求

    c　賦課決定

2．次の手続や行政処分のうち、関税額の確定しないものはどれですか。

    a　修正申告

    b　更正の請求

    c　賦課決定

3．税関長の行った更正処分に不服がある場合、納税義務者は、どのような救済制度を利用できますか。

    a　税関長に更正の請求を行う

    b　財務大臣に審査請求を行う

    c　関税等不服審査会に審査請求を行う

答

1．a

    a　過少申告の場合、輸入者は税関長に修正申告をします。

    b　過大申告の場合、輸入者は税関長に更正の請求をします。

    c　賦課決定は税関長の行う処分です。

2．b

   a　修正申告により関税額は確定します。

   b　更正の請求の段階で関税額は確定しません。

   c　賦課課税方式をとる関税額は、税関長の処分（賦課決定）により
     確定します。

3．b

   a　税関長に行えるのは、「再調査の請求」です。

   b　財務大臣に対して「審査請求」を行うこともできます。

   c　関税等不服審査会は、財務大臣に審査請求がされた場合、財務大
     臣が諮問するところです。この答申を参考に財務大臣が裁決します。

Ⅱ

クイズで学ぶ

課税価格を
マスターする！

Part

III

第1講 ◉ 課税価格の計算の基本とは？

　課税標準となるべき価格を「**課税価格**」といいます。この課税価格の計算は結構やっかいなものです。取引が国際売買契約に基づき行われるものであれば、取引価格を基準に課税価格が計算されますが、たとえば、海外からプレゼントされたものの課税価格を算出するのは、容易ではありません。（エッ、プレゼントにも税金がかかるの？なんて言わないでください。きちんと課税されます。取引価格は、ゼロ円だから税金がかからないという理屈は通用しません。）なぜなら、無償で輸入した場合には、有償で輸入したと仮定して計算し直し、それを課税価格として申告する必要があるからです。

　さらに「**委託販売契約**」に基づいて輸入されるものや、「**リース契約**」に基づいて輸入されるものなども、売買契約とは異なる契約によって輸入されるものですから、契約金額をもって課税価格とすることはできません。

　委託販売契約ではまず商品が輸入され、日本で契約に基づき販売されます。そして売れた分の代金を払い、手数料を受け取り、売れ残ったものは、輸出者に戻します（再輸出）。ところで日本に輸入された全商品について、まずは関税を納付しなければなりません。しかし、この場合、輸出者と輸入者は、そもそも売買契約など取り交わしていませんから、売買契約に基づく売買価格は存在しません。そこで売買契約によって有償で輸入されたと想定してその価格を合理的な方法で算出し、申告しなければなりません。

　リースの場合もそうです。リース料をもって課税価格とすることはできません。この場合も、リースする物品が売買契約により有償で輸入されたものとして課税価格を計算し、申告するのです。

　たとえば、500万円の車を10万円で借り、その車を輸入してきた場合、課税価格は、借り賃である10万円ではなく、500万円だということに

なります。

　このように、国際売買契約に基づいて輸入される場合にはその取引価格を基準に課税価格を計算しますが、それ以外の契約に基づいて輸入される場合には、国際売買取引により有償で売買された場合の価格に置き換えて課税価格を算出しなければなりません。

　次に、逆委託加工契約によりできた製品を輸入する場合について見てみましょう。

　ここでいう逆委託加工契約とは、日本から原材料などを外国の製造工場に送り、加工、製造して製品をつくってもらい、できた製品を輸入（工場から見れば輸出）するという契約です。そして、委託者は、受託者に加工賃を支払います。

　この場合、この加工賃を対価として受託者（外国の工場）を売手（輸出者）、委託者（日本の業者）を買手（輸入者）として貨物の売買が行われたものとみなし、課税価格を計算します。

図3-1　（逆）委託加工貿易の場合

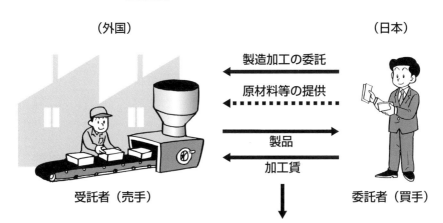

（外国）　　　　　　　　　　　　　　　　　（日本）

製造加工の委託

原材料等の提供

製品

加工賃

受託者（売手）　　　　　　　　　　　　委託者（買手）

加工賃を対価として、委託者（買手）と受託者（売手）との間で当該貨物の売買が行われたものとみなし、課税価格を計算する

　では、国際売買契約に基づいて輸入されていれば、常に取引価格を基準にして課税価格を計算すればいいのかと言うと、そうはいきません。国際売買契約に基づいて輸入されたとしても、その取引価格をもって課税価格とすることが「**課税の公平性**」の観点から問題があるときには、この方法は認められません。

　それは次のような事情のときです。

　通常 1,000 万円前後で取引されているものが、親会社と子会社間であるため 600 万円で取引されたり、輸出者と関連のある日本国内の会社だけに輸入品を販売してよいという条件の下で、通常 500 万円前後で取引されているものが 300 万円で取引されたりしている場合、その取引価格をもって課税価格にすることには、「課税の公平性」の観点から問題があります。ここでいう「課税の公平性」とは、同じ価値の商品を輸入したときには、どの輸入者も、それぞれ同じ租税負担を負うべきという考え方です。上記のような事情によって安価に輸入した者が何ら事情のない輸入者よりも税負担が軽くなるというのは、課税上フェアーではない、ということになります。

　したがって、上記のような親会社と子会社との取引であったり、輸出者の関連会社だけに再販売する条件をつけたりして貿易取引をするような事情（これを「**特別な事情**」と呼んでいます。）があって、それが取引価格に影響を及ぼしている場合（例では取引価格が通常の場合より安くなっていますね。）には、このような事情がなかった場合の取引価格に置き換えて課税価格を算出しなければなりません。簡単に言うと、上記の一つめの例で言えば、1,000 万円で、二つめの例で言えば、500 万円で、課税価格を算出することになります。こうすることによって課税の公平性が保たれるわけです。

図3-2　特別な事情があるときには？

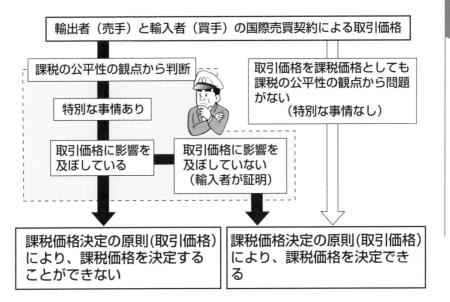

図3-3　計算の基準を見分けよう

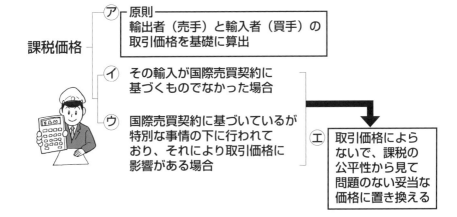

第2講 ● 仕入書価格と「課税価格の決定の原則」

　まず、通常の取引における課税価格の決定方法についてお話しましょう。第1講で、原則として取引価格を基に課税価格を決定していくと言いましたが、取引価格は何を見ればいいのでしょうか？　それは**仕入書**（インボイス）です。仕入書を見れば取引価格がわかります。つまり、仕入書に記載されている価格を基準に課税価格を算出していくのです。仕入書というのは、輸出者である売手の発行する請求書と思ってください。

　ところで、課税価格の計算の基本形は、次の通りです。

--- 計算の基本形〈公式1〉 ---

〔貨物の価格〕＋〔日本の港に着くまでの運賃＋日本の港に着くまでの貨物の保険料〕＝課税価格（「CIF価格」と呼ぶ）

　これが、課税価格の決定の原則を表す式です。

　たとえば、香港からあるモノを輸入するにあたり、売手から次のような仕入書が届いたとしましょう。

－仕入書－	
a 貨物の価格	10,000,000 円
b 貨物の梱包費用	150,000 円
c 香港の工場から香港の港までのトラック代	35,000 円
d 香港の港から横浜港までの船の運賃	410,000 円
e 香港の工場から横浜港に到着するまでの海上保険料	280,000 円
f 船卸し費用	100,000 円
g 横浜港から指定された倉庫に搬入するまでの運賃、保険料	
	250,000 円
h 日本における輸入通関手続費用及び関税など	240,000 円
合　計	11,465,000 円

さあ、この仕入書から課税価格を算出してみましょう。

課税価格は、貨物そのものの価格に日本の港に貨物が着くまでの運賃と保険料をプラスしたものというのが基本形でした。

そこで皆さんがまず、疑問に思うのは、「b 貨物の梱包費用」がその貨物の課税価格に含まれるのかどうかでしょう。結論を言いますと貨物の価格に含めて計算しなければなりません。

次に日本の港に船が着き、その船から貨物を降ろす費用（「f 船卸し費用」）は、課税価格に含まれるのか迷うところでしょう。しかし、課税価格には、貨物が日本に到着するまでの運送費用などが入りますが、到着した後に発生する費用は含まれません。したがって、船卸し費用は課税価格には含まれません。また、「g 横浜の港から指定倉庫までの運送関連費用」や「h 日本での輸入通関費用」も課税価格に算入しません。

なお、運賃について、輸入港までの運送が火山の爆発や戦争、テロの発生など特殊な事情の下で行われた場合で、迂回などにより通常の運賃の額を著しく超えた場合には、通常の運賃で課税価格を計算してよいことになっています。

したがって、この仕入書に基づいて計算した課税価格は、次のようになります。

＜課税価格の計算・１＞

a	貨物の価格	10,000,000 円
b	貨物の梱包費用	150,000 円
c	香港の工場から香港の港までのトラック代	35,000 円
d	香港の港から横浜港までの船の運賃	410,000 円
e	香港の工場から横浜港までの海上保険料	280,000 円
	課税価格	10,875,000 円

　このように課税価格を算出するための基本的な情報は、仕入書に書かれています。前ページの仕入書の例は、輸入にあたってこれ以外に費用がかかっていないことを前提に計算したものです。もし、このほかに輸入に関しての費用が発生している場合には、その費用は課税価格に入れるべきかを判断して課税価格を計算します。

　課税価格に入れるべき費用は、関税定率法に限定列挙されています。

　関税定率法4条の「課税価格の決定」の規定には、「現実に支払われた又は支払われるべき価格」、短くして「**現実支払価格**」という言葉が出てきます。これは、「買手が売手に対して、又は売手のために支払った又は支払うべき支払の総額」を意味します。この現実支払価格は、通常の場合、仕入書に書かれた価格なのです。ですから、実際上は、先ほどの例のようにこの仕入書価格を基礎として課税価格を算出するわけです。

　そこで、課税価格は、

仕入書をベースにして計算〈公式2〉

　〔仕入書価格〕＋〔仕入書価格に含まれていない費用で課税価格に加算しなければならない費用（加算費用）〕－〔仕入書価格に含まれている費用のうち課税価格には算入しない費用（控除費用）〕＝課税価格

という式で計算できます。

　＜課税価格の計算・1＞では、課税価格を算出するにあたり課税価格を構成する費用を抜き出して合計したわけですが、〈公式2〉を使って算出すると次のようになります。

　＜課税価格の計算・2＞

　仕入書価格 11,465,000 円には、課税価格に含まない費用が入っているのでそれを控除します。そうすると課税価格が算出されるのです。

	仕入書価格	11,465,000 円
f	船卸し費用	− 100,000 円
g	横浜港からの国内運送費用など	− 250,000 円
h	日本における輸入通関費用及び関税など	− 240,000 円
	課税価格	10,875,000 円

　当然、＜課税価格の計算・1＞で得た課税価格と同じ価格になりますね。

　なお、この含まない費用については関税定率法施行令に規定されています。

図3-4　〈公式2〉の加算費用と控除費用を見てみよう

 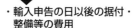

仕入書価格 ＋ 加算費用 − 控除費用 ＝課税価格

・輸入港までの運賃及び保険料等
・買手が負担する仲介手数料等（買付手数料を除く）、及び輸入貨物の容器、包装費用
・輸入貨物の生産に関連して、買手により無償で、又は値引きをして直接又は間接に提供された物品又は役務の費用
・輸入貨物に係る特許権、意匠権、商標権その他これらに類するもの（本邦において複製する権利を除く）で、それらの使用に伴う対価で、輸入貨物の輸入取引の条件として買手により直接又は間接に支払われるもの
・帰属額が明らかな売手帰属収益

・輸入申告の日以後の据付・整備等の費用
・輸入港到着後の運賃、保険料等
・本邦で課される関税その他の公課
・延払金利

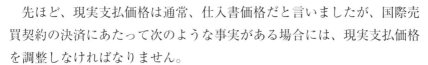

Part III

課税価格をマスターする！

第3講 ● 現実支払価格を調整する！

　先ほど、現実支払価格は通常、仕入書価格だと言いましたが、国際売買契約の決済にあたって次のような事実がある場合には、現実支払価格を調整しなければなりません。

① 相殺（そうさい）が行われている場合

② 肩代わり弁済が行われている場合

（1）相殺

　通常、売買契約にあたってたとえば「数量値引き」がされている場合には、値引き後の価格で課税価格を計算します。同じように「在庫調整値引き」、「前払い値引き」などおよそ商取引に使われる値引きについては、その値引き額は課税価格に算入する必要はありません。

　一例として次のように数量値引きがされたとしましょう。

10,000,000 円（正価）－ 500,000 円（数量値引き）＝ 9,500,000 円

この場合には、9,500,000 円を基に課税価格が計算されます。

　しかし、「相殺（差し引き計算）」が行われた場合にはこのような扱いはされず、相殺される前の価格で課税価格を計算しなければなりません。「相殺」というのは、売主と買主の間に何らかの「債権債務関係」がある場合に行われます。「債権債務関係」なんて言うと難しく聞こえますが、次の例で考えてみましょう。

　前提として A が台湾に住む B に 100 万円を貸しているとしましょう。この場合、B は A に 100 万円を返す義務が発生します。これを「債務」といいます。一方、A は、B に 100 万円を返せという請求権があります。これを「債権」といいます。

　その後、A は、B からある海産物を 300 万円分購入し輸入したとします。この場合、A と B の話し合いで、先に貸している 100 万円と今回

142

図3-5 相殺のしくみ

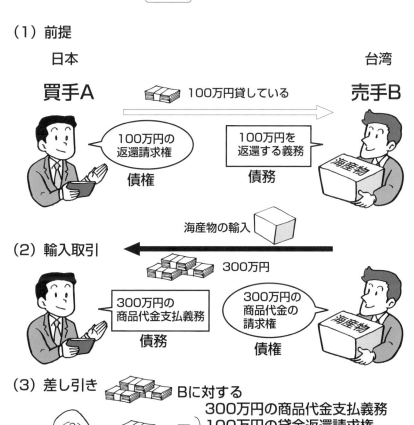

（1）前提

日本　　　　　　　　　　　　　　　　　　　　　台湾

買手A　　　100万円貸している　　　　**売手B**

100万円の
返還請求権
債権

100万円を
返還する義務
債務

海産物

海産物の輸入

（2）輸入取引　　　　　　　　300万円

300万円の
商品代金支払義務
債務

300万円の
商品代金の
請求権
債権

海産物

（3）差し引き

Bに対する
300万円の商品代金支払義務
100万円の貸金返還請求権
　－

200万円（相殺後の価格）

※しかし、課税価格は、
　相殺する前の300万円である！

143

の輸入代金とを差し引きして A は B に 200 万円支払うことになりました。仕入書には、商品価格 300 万円、相殺分 100 万円と明細が書かれています。これにより買手である A は、売手である B に 200 万円払います。つまり、現実に支払った価格は、200 万円になります。

ところが、このような場合には、相殺分の 100 万円を加算して現実支払価格を調整し課税価格を求めなければなりません。なぜなら、相殺は、その背景にある売手、買手間の債権債務関係を消滅させるために行われるものです。債権債務関係が両者間にない場合には、この差し引き分は、輸入商品代金として買手が売手に当然支払わなければならないものなのです。一方、「値引き」（数量値引きなど）については、両者間に債権債務関係があろうとなかろうと関係なしに行われるものです。これが相殺の場合と値引きとの決定的な違いなのです。

なお、「相殺」は民法で債権の消滅の一形態として規定されています。

（2）肩代わり弁済

国際売買契約では、売手と買手が契約の当事者で、それ以外のものを「第三者」と呼びますが、ここでは売手が買手以外の第三者に債務を負っていること（たとえばお金を借りているようなこと）を前提とします。

輸出者である売手 B が、銀行から 100 万円の融資を受けているとしましょう。銀行は、輸入者である買手ではありません。ですから、第三者です。

このような事情の中、A が B から商品 300 万円を購入し輸入することになりました。この契約の中で、300 万円の代金の支払方法について次のような取り決めをしました。

―代金支払についての覚書き―

1）輸入者 A は、輸出者 B に商品代金を支払う代わりに輸出者 B が銀行から融資を受けている 100 万円を銀行に返済する。（これ

図3-6 肩代わり弁済のしくみ

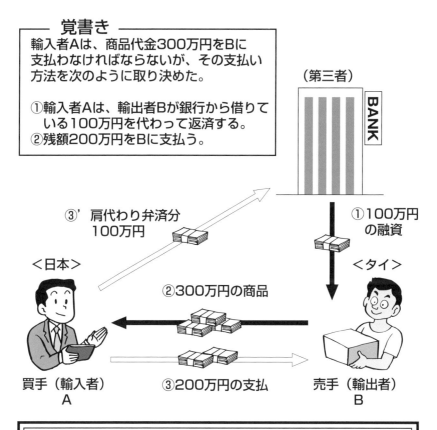

── 覚書き ──
輸入者Aは、商品代金300万円をBに
支払わなければならないが、その支払い
方法を次のように取り決めた。

①輸入者Aは、輸出者Bが銀行から借りて
　いる100万円を代わって返済する。
②残額200万円をBに支払う。

（第三者）
BANK

③'肩代わり弁済分
　100万円

①100万円
の融資

＜日本＞　　　＜タイ＞

②300万円の商品

買手（輸入者）　　③200万円の支払　　売手（輸出者）
A　　　　　　　　　　　　　　　　　　B

AがBに現実に支払った価格（現実支払価格）は、
200万円であるが、Aが銀行に支払った肩代わり
弁済分100万円も課税価格に算入しなければ
ならない。

145

を「肩代わり弁済」といいます。）

2）輸入者Ａは、商品代金の残額200万円を、銀行振込により輸出者Ｂに支払う。

　この覚書き通りに支払が行われたとき、現実支払価格の調整はどうなるのでしょう。買手が売手に支払った現実支払価格は、200万円ですが、肩代わり弁済分も商品代金の一部として銀行に支払われたのですから、プラスして修正します。つまり、300万円が修正された現実支払価格になるわけです。

　ところで、今の二つの例では、相殺のことが仕入書に記載されていたり、肩代わり弁済についての覚書きがあることを前提に話を進めましたが、このような記載や覚書きが存在しなくても実態が今お話した例に当てはまれば、当然、現実支払価格を、調整しなければなりません。

　納税申告の際、肩代わり弁済の事実を隠し課税価格を過少にし、関税を免れた場合、関税ほ脱犯に該当するおそれがあります。

第4講 ◉ 課税価格に算入される費用とは？

第2講で、「課税価格に算入しなければならない費用が仕入書に含まれていなかった場合には、その費用を加算して課税価格を算出する」とお話しました。図3−4にも挙げていますが、このことをより具体的に見ていきましょう。

もしも、以下の［1］〜［7］に挙げる費用が仕入書に入っていない場合には、これを加算しなければなりません。

（1）手数料

［1］買手が支払った手数料は原則として課税価格に算入する。

輸入者である買手が貿易取引に関連して支払った手数料は、課税価格に算入しなければなりません。ただし、買付手数料と呼ばれる手数料だけは、算入の必要はありません。

＜仲介手数料＞

イメージとしては、町の不動産屋さんにアパートやマンションを斡旋してもらったときに支払う手数料がまさに**仲介手数料**ですね。貿易の世界でも輸入者と輸出者の間を取り持ち、両者の条件を調整し、国際貿易取引を成立させるように仲介を行うブローカーがいます。買手は取引が成約したときには、報酬として**仲介手数料**を支払います。この手数料のうち、買手が支払った金額が課税価格に算入されます。

しかし、もし、輸出者である売手が仲介手数料を支払った場合には、その仲介手数料は、仕入書価格に算入して課税価格を算出するということとはしません。

＜販売手数料＞

「**販売手数料**」とは、輸出者である売手に代わって販売業務を行っている者（販売代理人）に支払う手数料のことです。買手がこの販売手数

147

料を販売代理人に支払った場合には、その金額は、課税価格に算入します。販売代理人は売手と同一視できるので、販売代理人に支払った手数料は売手に支払ったものと考えて、これを課税価格に算入すると考えれば合点_{がてん}がいくはずです。

＜算入されるその他の手数料＞

　輸入取引に関連して売手以外の者に対して買手が支払う**コンサルタント・フィー**や**情報提供料**も課税価格に算入される手数料です。

図3-7　手数料のしくみ

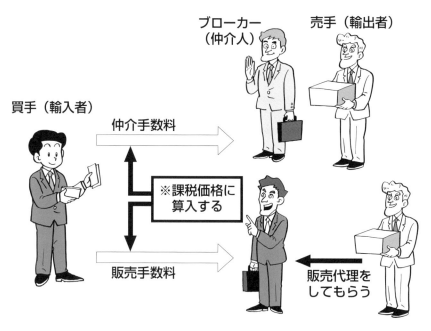

＜買付手数料は、なぜ課税価格に算入されないか。＞

買付手数料というのは、輸入貨物の購入に関して外国において輸入者である買手の代わりに業務を行う者に対して買手が支払う手数料をいいます。

「私は、イタリア語ができないし、現地について不案内だから、私の代わりにイタリアの美術品を買い付けてくれ。」と依頼し、その活動をした代理人に対して支払う手数料です。これは、買手の代理人であり買手と同一視できるところから、手数料は、課税価格に算入しないのです。

この代理人は、商品を探し、売買契約し、実際の引渡しに関する業務を行い、また決済の代行に関する業務、クレーム処理における交渉を行うといった業務に携わることになります。

このように代理人に対して支払った**買付手数料**は、課税価格に算入しません。たとえば、この手数料の支払にあたり、買付委託契約などが取り交わされているか、そしてその契約の内容が「輸入貨物の購入に関し買手に代わり業務を行う」ものになっているかを実質的に審査し、認定します。

図3-8 買付手数料は課税価格に算入しない！

買手（輸入者）　　買付代理人

買付手数料

※課税価格に算入しない

売買契約

売手（輸出者）

＜買付手数料を課税価格に加えなければならない場合もある。＞

買付手数料は、課税価格に算入しない場合をお話しましたが、同じ買付手数料でも課税価格に算入しなければならないものもあります。この点については、次の「無償又は値引きをして提供した物品又は役務の費用」の中でお話しましょう。

（2）無償又は値引きして提供した物品又は役務の費用

[2] 無償又は値引きして提供した物品又は役務の費用は、課税価格に算入する。

＜ケース1・買手が無償で材料を売手に提供しこれを使って製品をつくるよう依頼した場合、その材料の費用は課税価格に算入される。＞

輸入者Aは、X国の製造会社Bに工作機械を発注しました。この工作機械を製造するにあたり、輸入者Aは、材料を無償で製造会社Bに提供し、この材料を使用するよう指示しました。この材料費は、500万円です。

そして、工作機械が完成し無事輸入されてきました。仕入書価格は、横浜港に到着するまでのCIF価格（☞p173）で、2,000万円でした。もちろん、この中には、先に無償で提供した材料費は入っていません。

本来、工作機械を作成するにあたり製造会社は、自社で材料を有償で仕入れ、それを使って製造しますが、今回は発注者から無償で提供を受けていますから、その分安く工作機械が完成したことになります。そうすると、工作機械の本来の価格、これが通常の価格になりますが、それよりも安い価格に対し関税が課される結果になっては、先にお話した課税の公平性に欠けることになりますね。

そこで課税の公平性を保つために無償で提供した材料の費用を課税価格に算入するのです。したがって上記の例の場合、仕入書価格2,000万円に無償で提供した材料費500万円を加算して課税価格を求める必要があります。

この場合、材料を提供するための運送費用や保険料などを輸入者であ

る買手が負担した場合は、これらの費用も課税価格に含まれます。

　ところで、ちょっとした頭の体操をやってみましょう。次の文は正しい文章かどうか考えてみてください。通関士国家試験の問題です。

　『輸入取引にあたって買手が売手に材料を値引きして提供した場合には、その材料の**取得原価**を当該輸入取引において買手が売手に対して現実に支払う費用に加算する。』

　今までの話から、正しいと考える読者の皆さんの方が多いと思います。しかし、これは、なんと誤りなのです。

　この文章のポイントは、「材料を値引きして提供した場合」が前提となっています。先ほどの「材料を無償で提供した場合」とは、条件が異なりますね。つまり、値引きをして提供した場合は、値引き分だけ完成された商品は、安くなっているわけです。ですから、材料の取得原価すべてを現実支払価格（仕入書価格）に加算したりせずに、値引きされた部分だけを現実支払価格（仕入書価格）に加算します。したがって、誤っていることになるのです。

図3-9　無償で材料を売手に提供したときには？

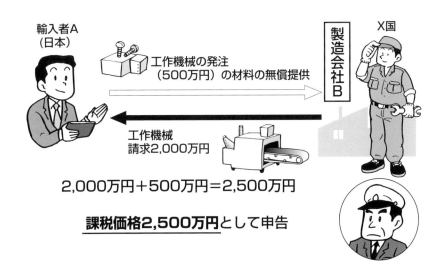

<ケース２・商品に貼るラベルを無償提供しても課税価格にラベル代
　が算入されない場合もある。>

　輸入者である買手の方から、商標ラベルなどを無償提供し、輸入製品
にそのラベルを貼るように指示することがあります。この場合も、材料
と同様に、ラベルの取得原価や輸出に要した費用を現実支払価格（仕入
書価格）に算入して課税価格を求めるのが、原則です。

　しかし、これには、例外があります。わが国の法律で表示が義務づけ
られている事項のみを表示しているラベルについては、それを無償提供
したとしても課税価格には算入しません。

　現在、表示が義務づけられているラベルには、次のようなものがあり
ます。

　①　**食品衛生法**に基づく品名、原産国、原材料などの表示ラベル

　②　**家庭用品品質表示法**に基づく繊維製品に対する品質、洗濯ラベル
　　など

<ケース３・無償提供した鋳型(いがた)代も課税価格に算入する。>

　ある製造業者が製品に使用する部品を海外のある工場に発注し、製造
してもらうことになりました。このとき、部品を製造するための鋳型を
無償で送りました。鋳型といってもあまりご存じないかも知れませんが、
一例として縁日などで売っている「たい焼き」を焼く型となる鉄板をイ
メージしていただくとよいでしょう。これも、本来ならば鋳型は海外の
工場で調達されるもので、鋳型が無償提供されれば、その分輸入貨物の
代金は安くなります。したがって、鋳型の取得価格と海外の工場に提供
するためにかかった輸出費用を現実支払価格に算入して、課税価格を算
出します。

　さてこの製造業者は 2,000,000 円の鋳型を無償提供しました。この鋳
型を使用して 1,000,000 単位の部品がつくれるとします。しかし、今回
は 500,000 単位の部品を輸入します。この場合、課税価格に算入される

べき鋳型代は、いくらでしょうか？

　つまり、1,000,000 単位（「単位」という言葉がピンとこないのなら、「個」に置き換えて考えても構いません。）の部品をつくれば、鋳型は、もはや使い切った状態になりますが、今回の生産では、まだ鋳型は使い切っておらず、まだまだ使える状態で、価値が残っているわけです。この場合には、今回の生産で使用した分の鋳型代のみを課税価格に加算します。

　まず、部品 1 単位をつくるのに、鋳型代はいくらかかるかを計算します。

　2,000,000 円 ÷ 1,000,000 単位 = 2 円

　1 単位 2 円の鋳型代がかかることがわかります。

　したがって、今回は、500,000 単位輸入するのですから、

　500,000 単位 × 2 円 = 1,000,000 円

　100 万円の鋳型代がかかったことがわかります。このように按分された鋳型代を現実支払価格に加算し、課税価格を算出します。

図3-10　無償提供した鋳型代金も課税価格に算入する！

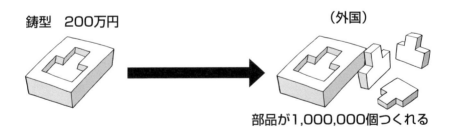

鋳型　200万円

（外国）

部品が1,000,000個つくれる

部品1個あたりの鋳型代は？

2,000,000円÷1,000,000個＝2円

つまり、「部品1個つくるのに鋳型代は2円かかる」
ということだ！

＜ケース４・無償提供した原材料の調達を買付代理人に依頼した場合の買付手数料の扱い＞

日本の委託者は、X国の製造会社を受託者として製品を発注し、製造会社の工場に原材料を無償提供しました。

このとき、この提供する原材料をY国から調達するため買付代理人に依頼しました。そして、原材料の調達にかかる買付手数料を買付代理人に支払いました。

この場合の買付手数料は、課税価格に算入されるでしょうか。

実は、この買付手数料は、提供した原材料の取得原価に入るものですから課税価格に算入されます。

たとえば、原材料をX国の受託者に無償提供するにあたり、下記のような費用がかかったとします。

原材料	1,000,000 円
原材料の買付手数料	150,000 円
X国の工場までの運送費用	140,000 円
X国での通関費用（輸入税を含む）	50,000 円
計	1,340,000 円

この場合、無償提供された原材料は、1,340,000 円と評価されます。"買付手数料は課税価格に算入されない"と差し引いて課税価格を算出した場合、過少申告の原因になってしまいます。

受験対策のためには、「輸入される貨物そのものの買付けの場合の買付手数料は、課税価格に算入されないが、無償提供などする場合の原材料、鋳型等の買付けに係る買付手数料は、課税価格に算入する。」と覚えておくといいでしょう。

図3-11 買付手数料が課税価格に算入される場合とされない場合の区別

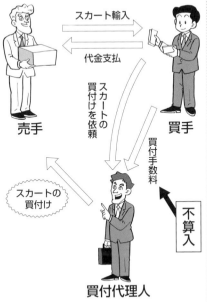

（1）輸入品であるスカートその
　　ものを買い付けた場合

（2）輸入品であるスカートの原
　　材料である生地を買い付け、
　　売手に無償提供した場合

- （1）は、輸入するスカートそのものを買付代理人が買い付けた場合です。この場合は、買手が支払った買付代理人への手数料は、課税価格に算入しません。
- （2）は、スカートの原材料になる生地を買付代理人が買い付けた場合です。この生地を売手に無償提供し、これを材料にスカートをつくってもらい、それを輸入する場合です。この場合、買手が支払った買付代理人への買付手数料は、課税価格に算入しなければなりません。この買付手数料は、無償提供した生地の取得原価に算入すべき費用だからです。

（3）ケース・スタディ　中間まとめ

　今までお話したことを、実際の取引を見ながら中間のまとめをしてみましょう。

　専門商社であるＸ社は、ある商品を輸入しました。その取引内容は次の通りです。

　仕入書価格は、CIF価格で7,000,000円でした。（このCIF価格というのは、貨物の価格に日本の港に船が到着するまでの運送関連費用と海上保険料がプラスされている価格です。）

　ところで、この仕入書価格の中には、次の費用は含まれていません。

① 　買手は、この輸入製品の製造にあたり2,200,000円の原材料を売手に無償で提供しています。この原材料を提供するための運送に80,000円の費用を買手は負担しています。

② 　さらに、買手は、輸入商品に貼りつけるラベルを無償提供しています。ラベルの費用は、50,000円で、売手に国際郵便で送付しました。国際郵便代は、3,000円でした。このラベルは、日本の法律で義務づけられている事項のほか商品の商標なども表示されているものです。

③ 　この輸入貨物が輸出国から日本に到着する以前に第三国を経由し、そこで他の船に積み替えが行われました。この積み替え費用は、200,000円かかりました。貿易取引契約により買手が積み替え費用を負担しています。

④ 　輸入貨物が日本に到着後、Ｘ社の倉庫までトラックにより輸送しましたが、その運送費が150,000円でした。これは、買手であるＸ社が負担しました。

　この場合の課税価格は、どのように算出されるのでしょうか？

　今までお話したことを参考に、仕入書価格（現実支払価格）に加算しなければならない費用を見つけ出し、加算すれば、課税価格が求められる、というわけです。

　そこで、①～④の費用について加算されるべきものであるかどうかを検証していきましょう。

　①…「買手が売手に無償で提供した原材料及び運送に要した費用」は、課税価格に算入すべき費用です。ところで、原材料を提供するための運送費用の80,000円を売手が負担した場合は、課税価格には算入しません。なぜか？　これは次の項、＜なぜ、売手が負担したものは加算されないのか。＞で説明します。

　②…「買手が売手に無償で提供したラベル」については、どのようなラベルかによって課税価格に算入すべき費用かどうか、決定されるのでしたね。「日本の法律で義務づけられている事項」のみが表示されている場合には、課税価格に算入されません。

　しかし、それ以外のラベルについては、課税価格に算入します。

　この例の場合、「日本の法律で義務づけられている事項」プラス「商品の商標など」が表示されているものです。つまり、「日本の法律で義務づけられている事項」以外の事項も併記されていますから、課税価格に含まれるのです。もちろん、国際郵便代も一緒に算入します。

　なお、「日本の法律で義務づけられている事項」のみが表示されたラベルの場合には、そのラベルを輸出する際の費用（上記のような国際郵便代）も課税価格には算入されません。

　③…第三国を経由して日本に運送されたもので、買手が負担した第三国での積み替え費用は、運送に関連する費用ですから、当然課税価格に算入されます。ですから、この費用を課税価格に加算します。

　④…これは国内の運送費用ですから、課税価格には算入しません。

　ゆえに課税価格は、次のようになります。

仕入書価格（CIF 価格）	7,000,000 円
材料費及び輸出費用	2,280,000 円
ラベル費用及び国際郵便代	53,000 円
積み替え費用	200,000 円
課税価格	9,533,000 円

図 3-12　課税価格に算入されるものは？

買手（輸入者）　　　　　　　　　　　　　　売手（輸出者）

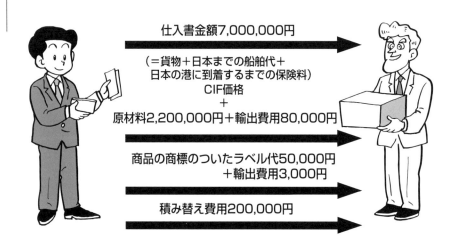

仕入書金額7,000,000円

（＝貨物＋日本までの船舶代＋
日本の港に到着するまでの保険料）
CIF価格
＋
原材料2,200,000円＋輸出費用80,000円

商品の商標のついたラベル代50,000円
＋輸出費用3,000円

積み替え費用200,000円

＜なぜ、売手が負担したものは加算されないのか。＞

原材料の無償提供にあたり、売手が負担した運送料や売手が負担した仲介手数料は、課税価格に算入しないと言いました。なぜでしょう？

謎解きをしましょう。これは、「売手の負担した費用は、すでに仕入書価格の中に含まれているのだから、さらに算入することはない」ということなのです。中間まとめの例に「積み替え費用」が出てきましたが、もしも売手が負担していたら同様の考え方をします。

つまり、売手が輸入取引に関連し負担した費用は、すでに輸入貨物の価格に転嫁されているといえるのです。

図3-13　売手が負担した仲介手数料はなぜ加算されない？

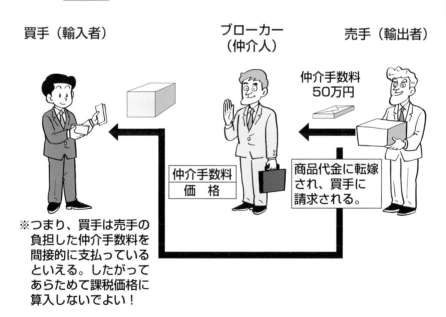

買手（輸入者）　　　ブローカー（仲介人）　　　売手（輸出者）

仲介手数料
50万円

仲介手数料
価　格

商品代金に転嫁され、買手に請求される。

※つまり、買手は売手の負担した仲介手数料を間接的に支払っているといえる。したがってあらためて課税価格に算入しないでよい！

第5講 ◉ 続・課税価格に算入される費用とは？

（1）デザイン料など

[3] 日本でデザインしたデザイン料は、課税価格に算入するのか、しないのか。

　輸入製品を製造するために**技術料、設計料**や**意匠料**（デザイン料のこと）などの支払が必要になる場合があります。たとえば、輸入製品を製造するための技術（ノウハウを含む）を有償で買手が取得し、この技術を無償で海外の生産者に提供した場合、この技術料は課税価格に算入しなければならないのでしょうか。

（a）輸入品そのもののデザイン料など

　そのデザインがどこで行われたかにより、買手の支払ったデザイン料などが課税価格に算入されるか否かが決定されます。このデザインが日本でされたものである場合には、課税価格には算入しません。しかし、

図3-14 デザイン料は課税価格に算入される？

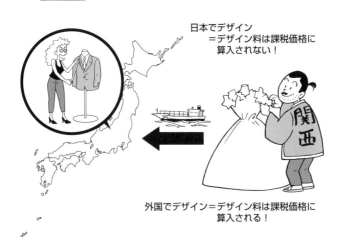

外国でされたものであれば課税価格に算入しなければなりません。

　注意すべきことは、デザインをした者の国籍だとか、技術取得のための契約が締結された場所は関係ないという点です。どこでデザインされたものかが重要なポイントになります。

　ですから、たとえば、外国の有名なデザイナーに商品のデザインを依頼した場合で、そのデザイナーが**日本でデザイン**した場合には、デザイン料は、**課税価格には算入されない**のです。また、逆に「日本のカリスマ」と呼ばれているデザイナーに商品のデザインを依頼した場合で、そのデザイナーがフランスのパリでデザインしたのであれば、支払われるデザイン料は、課税価格に算入しなければなりません。

（ｂ）輸入品の原材料のデザイン料など

　ところで、日本でデザインしたデザイン料も課税価格に算入しなければならない場合もあります。

　たとえば、ドレスの生地を外国の工場企業に無償提供してドレスをつくるように委託し、できたドレスを輸入するような場合を考えてみましょう。無償提供するこの生地（原材料）にデザインをし、デザイン料を支払うような場合です。

　この場合のデザイン料は、**無償提供する生地の取得原価**になるので、どこでデザインされようが課税価格に**算入**しなければなりません。

（2）特許権など

[4] 輸入取引の条件として輸入貨物に関連する特許権の実施料で買手が
　　負担するものは課税価格に算入する。

　たとえば、輸入する製品の製造に必要な方法について特許権を取得した者がいる場合には、その者の許諾がないと製品が製造できません。そこで、この権利者に実施の許諾を求め、特許権の実施料を支払うことになります。この実施料、つまり**特許権の使用の対価**は、課税価格に算入します。今、「特許権」と言いましたが、このほかに**実用新案権、意匠権、商標権、著作権、著作隣接権**などの使用の対価が課税価格に加算されま

す。

　課税価格に算入される特許権などの使用料の条件は、

　ⅰ　輸入貨物に係る特許権などの使用に伴う対価であること、

　ⅱ　輸入貨物の輸入取引の条件として買手により支払われること、

の二つで、この両方に該当しない場合には、課税価格に含まれません。

　ⅰの「輸入貨物に係る特許権などの使用の対価であること」というのは、輸入貨物と関係のある特許権などの対価が、課税価格に含まれるの

図3-15　課税価格に含まれる特許権等の対価とは？

ロイヤリティ、ライセンス料（使用などの対価）
の支払を要する。

⇩

課税価格に含まれる。
（例外）：輸入貨物を本邦において
　　　　　複製する権利は、除かれる。

・たとえば輸入貨物が写真、フィルム等である場合、
本邦において印刷、複製あるいは上映等の表現形
式により原著作物の再生（発行・興業など）をする権利

であって輸入貨物と関係がない特許権などの対価については、課税価格に含まれない、という当たり前のことを言っています。

ⅱの「輸入貨物の輸入取引の条件として買手により支払われること」は、重要です。

この「**輸入取引の条件**」というのは、「輸入貨物を購入（輸入取引）するために特許権などの使用の対価を支払うことを要する場合」をさしています。「**支払を要する場合**」とは、特許権などの実施や使用の対価を支払わなければ、権利侵害になってしまう場合です。この場合輸入貨物を購入するために使用許諾を得て、その対価を支払います。そうしないと貨物を輸入することはかないません。このような状況の下で使用の対価を買手が負担した場合には、その使用の対価は、課税価格に含まれるということです。

ただし、次の3つの点に注意しなければなりません。

①　特許権などについては、どこで発明などがされたかにかかわらず、前記ⅰ・ⅱの条件に当てはまる権利の使用の対価であれば、課税価格に算入されます。つまり、日本で発明されたものでもⅰ・ⅱの条件に当てはまるときは、課税価格に算入されます。

②　ただし、「輸入貨物を**本邦において複製する権利**」の使用の対価については、課税価格に算入されません。これは、たとえば特許発明である機械を輸入し、これと同様の機械を日本において製造する権利の対価や、輸入貨物の意匠（デザイン）を本邦において再生する権利の対価の場合や、特許発明が実施されている細菌株で、ワクチン製造に使用するものが輸入された場合、**本邦において純粋培養する権利の使用に伴う対価**は、課税価格に算入されない、ということです。

③　本邦において頒布する権利や再販売する権利の対価については、輸入取引の条件になっていないときは、課税価格に算入されません。

＜「売手帰属収益」ってなに？＞

ここでいう「売手に帰属する収益」とは、仕入書に基づく支払のほか
にたとえば、仕入書価格の10％に相当する金額を別途買手が売手に支
払うような場合をいいます。このように、輸入取引に関連して仕入書以
外に売手に収益がある場合には、その収益も課税価格に加算しなければ
なりません。当然、この売手帰属収益は、輸入貨物の代金の一部とされ
るということです。

ところで、この**売手帰属収益**の額が仕入書価格の10％のように明ら
かな場合には、この額を加算すればよいのですが、この額が明らかでな
い場合も考えられます。この場合には、取引価格に基づいて正確な課税
価格を求めることが不可能になります。したがって、今お話しているよ
うな課税価格の決定の原則によって課税価格を求めることはできません。

（3）ケース・スタディ　総まとめ

ここまでの知識を駆使して次の事例の課税価格を計算し、さらには関
税額を算出しましょう。

日本の専門商社であるX社は、タイ王国の製造業者に、ある商
品を生産して納めるように発注しました。そして、製品ができ上が
り、日本に輸入されました。

仕入書価格は、8,620,000円（CIF価格）でした。このほか、仕
入書価格に含まれていない費用は、次の通りです。

① 　X社は、この商品のデザインを著名な在日フランス人のデザ
イナーに依頼し、デザイン料1,500,000円を支払いました。なお、
このデザインは、日本で開発されたものです。

② 　X社は、輸入商品の生産のため必要な材料を日本で調達し、
無償でタイの製造業者に提供しています。この材料費及び輸出
にかかった運賃などの運送費用の合計額は、850,000円でした。
なお、海上保険は付保していません。付保すると、通常

220,000 円の保険料がかかります。

③　この後、タイの製造業者から日本に輸送するにあたりフィリ
ピンを経由したため、別途に積み替え費用が 350,000 円余分に
かかったので支払うよう X 社に請求がありました。しかし X
社はこれを拒否し、タイの製造業者と話し合い、この積み替え
費用はタイの製造業者が負担することになりました。

④　X 社は、この製品を輸入港から自社の倉庫に運ぶための運送
費 150,000 円を負担しました。

⑤　この製品の関税率は、4.5％です。

<この事例の課税価格>

仕入書価格 8,620,000 円に加算しなければならない費用を選び、計算
します。

①　デザイン料は、加算されません。なぜなら、デザインは日本で開
発されたものだからです。

②　タイの製造業者に提供された材料費（運送費含む）850,000 円は、
課税価格に含みます。海上保険は付保されていませんから、課税価
格には含まれません。

③　フィリピンでの積み替え費用は X 社が負担しないので、課税価
格に加算しません。X 社が負担するのであれば加算されます。

④　日本の国内運送費用は、課税価格には含まれません。

8,620,000 円 + 850,000 円 = 9,470,000 円

したがって、9,470,000 円が課税価格になります。

<関税額の計算>

課税価格（千円未満切捨）×関税率＝関税額（百円未満切捨）

で求めることができます。

9,470,000 円 × 4.5％ = 426,150 円

納付すべき関税額は、426,100 円（百円未満切捨）になります。

（4）広告宣伝費用等と検査費用

[5] 広告宣伝費用等は課税価格に含まれる？

　買手である輸入者の負担する**広告宣伝費用等**は課税価格に算入されるのでしょうか。ある製品を海外から輸入し、その製品の広告宣伝費用として買手が何千万円も何億円も投入してもそれは、課税価格の計算上は関係がありません。

　広告宣伝費というのは、大変高いものです。日本ではメジャーな新聞への広告だって、1ページ、1日載せるだけで1,000万円くらい吹っ飛んでしまいます。

　これだけのお金をかけるということは、それなりの効果もあるのでしょう。その効果は、買手である輸入者だけが受けるのではなく、輸入品が売れれば結果的に輸入の量が増えますから売手である輸出者だってまんざらではありません。輸出者にも利益ありといえますね。でも、これは契約による直接の利益ではなく、反射的利益といえます。このような広告宣伝費用を「買手が自己のために行う広告宣伝費用等」といいます。

　こんな事例もありました。商品は、1,000万円ですが、輸入取引の条件として「輸入者の行う広告宣伝、販売促進のために商品を10%値引きする」というものです。

　さて、この10%にあたる部分は、課税価格に算入するのだろうか、どう考えますか？

　これは、「広告宣伝、販売促進」のためというものの、実質的には輸入貨物の「値引き」です。したがって、論点は広告宣伝費用が課税価格に含まれるか否かではなく、前にお話した「値引き」と「課税価格」の関係を思い出し判断します。

　そうでしたね。「値引きの場合は、値引き後の価格で課税価格を計算する」ということでした。したがって、10%値引きされた後の900万円が課税価格になるというわけです。

もっとも、日本では、100万円では、どの程度の広告宣伝ができるか疑問ですが。

別の事例を見てみましょう。輸出者の100％子会社が日本にあり、その子会社に対し「広告宣伝・販売促進」の負担金の名目で輸入者が広告宣伝費用を支払うことが輸入取引の条件である場合、その負担金は課税価格に算入されるでしょうか。

この場合、この負担金は「肩代り弁済」になると考えられます。したがって、課税価格に算入されます。

図3-16 「広告宣伝費用」という言葉だけでは、決められない！

167

[6] 検査費用は課税価格に含まれる？

　輸出地でたとえば、品質検査を受けた場合、その検査費用は課税価格に含まれるかという問題です。このポイントは、その検査は、誰のために行われたのかです。通関実務においては、輸出者である売手が自己のために行った検査で買手がその費用を負担する場合には、その負担した検査費用は課税価格に含みます。

　一方、輸入者である買手が自己のために行った検査で買手が負担したものについては、課税価格に算入しないことになっています。このほか、輸入貨物の製造過程において買手が検査を行う場合には、その検査の費用は課税価格に算入しません。

図3-17 検査費用が課税価格に含まれるのは？

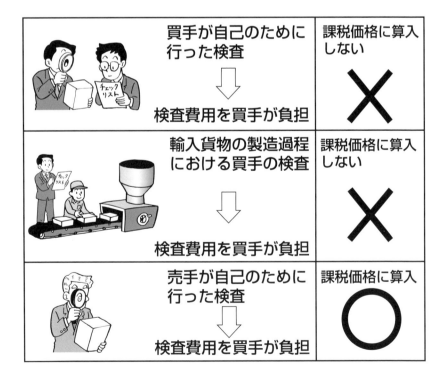

[7] 倉庫保管料は課税価格に含まれる？

　輸出国で輸入貨物を保管した場合の倉庫保管料は、課税価格に含まれるのでしょうか。

　まず、輸出国における積込み前の**一時的保管料**は、課税価格に**算入**します。

　たとえば、輸出国の工場渡価格で購入された貨物が、船積予定船の到着遅延により、当該船舶が到着するまでの間**一時的に輸出港で保管**される場合の保管料がそれにあたります。

　一方、課税価格には算入しない保管料もあります。

　これは、輸出国の工場渡しなどで、貨物を引き取り、輸出国の倉庫に**輸入者の都合**により「**在庫調整**」のために輸入者が保管する場合です。

　たとえば、輸出港の倉庫に蔵置し、**本邦の市場状況を考慮**し、出荷をするような場合です。この場合の保管料は、課税価格に算入しません。これは、貨物が引き渡された後、**輸入者の採算の都合**で保管しているものだからです。

第6講 ◉ インコタームズと課税価格

（1）インコタームズとは

　売買契約を締結する際の貿易条件として利用されるのがインコターム
ズです。すでにお話しした「CIF」もインコタームズの一つです。国際
間の売買契約では、文化も考え方も違う同士が契約をするのですから、
契約の内容についてお互いの解釈が異なることも起こりうるわけです。
そして、思わぬクレームに発展していく恐れもあります。

　そこで、パリに本部を置く国際商業会議所（ICC ＝ International
Chamber of Commerce）によって、貿易条件に関する解釈基準である
インコタームズが制定されています。解釈基準の内容は、①費用負担の
範囲、②貨物の危険負担の範囲が明確に規定されています。そして、国
際取引の実情に合わせて 10 年ごとに改定されています。

　現在の最新のインコタームズは、2020 年版のインコタームズで 2020
年 1 月 1 日から施行されています。

　もっとも、インコタームズは法律や条約によって取り決められたもの
ではなく、契約において利用するかどうかは、当事者の自由です。また、
利用する場合でも 2020 年版インコタームズ以前のものを利用すること
も当事者間の自由です。

　国際貿易がスムーズにいくようにほとんどの場合、インコタームズが
利用されています。

　ここでは、最新版の 2020 年のインコタームズについて説明していき
ます。

（2）2020 年のインコタームズ

　2020 年のインコタームズは、2010 年のインコタームズを継承し、2
クラス 11 条件に分類されています。2 クラスというのは、「いかなる単

数または複数の輸送手段に最も適した規則」と「海上および内陸水路輸送のための規則」です。もう少し具体的に言うと、前者は、コンテナ船、航空機などによる輸送手段の場合に適したインコタームズで、後者は、在来船（タンカーや自動車専用船など）などによる輸送手段の場合に適したものです。

　さて、よくインボイスでみる CIF や FOB は、後者に属する条件です。

図表 3-18　2020 年インコタームズ

いかなる単数または複数の輸送手段にも適した規則	EXW	EX WORKS　工場渡
	FCA	FREE CARRIER　運送人渡
	CPT	CARRIAGE PAID TO　輸送費込
	CIP	CARRIAGE AND INSURANCE PAID TO　輸送費保険料込
	DAP	DELIVERED AT PLACE　仕向地持込渡
	DPU	DELIVERED AT PLACE UNLOADED　荷卸込持込渡
	DDP	DELIVERED DUTY PAID　関税込持込渡
海上および内陸水路輸送のための規則	FAS	FREE ALONGSIDE SHIP　船側渡
	FOB	FREE ON BOARD　本船渡
	CFR	COST AND FREIGHT　運賃込
	CIF	COST INSURANCE AND FREIGHT　運賃保険料込

　現在は、コンテナ船の利用率も高く、コンテナヤード（CY）を経由する場合が多く、CIP 条件や FCA 条件、DDP 条件というインコタームズを利用する場合も多くなりました。

　そこで、CIF 条件と CIP 条件、CFR 条件と CPT 条件、FOB 条件と FCA 条件、EXW 条件、DDP 条件について簡単に説明するとともに、課税価格とのかかわりについて考えていきましょう。

図3-19　インコタームズと課税価格の関係は？

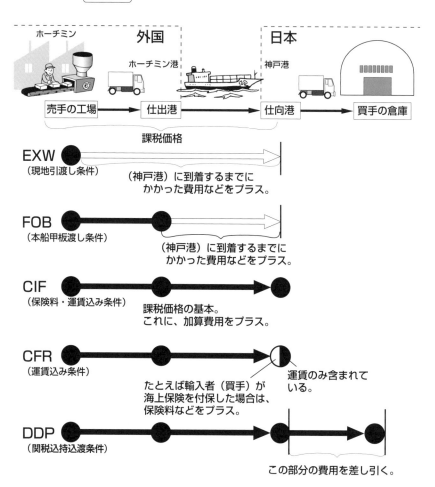

（3）CIF 条件と CIP 条件

CIF（Cost Insurance and Freight）運賃保険料込み

CIP（Carriage and Insurance Paid To）輸送料保険料込み

まず CIF 条件です。

「CIF 条件」について、日本の X 社がベトナムのホーチミン（Ho Chi Minh）にある Y 社から商品を輸入する場合を例にとって見ていきます。

「**CIF**」は、売手が輸出にあたって負担する費用は「貨物の価格（**Cost**）に日本に貨物が着くまでの保険料（**Insurance**）及び運賃（**Freight**）をプラスしたものだ」ということを表しています。下の例を見てみましょう。

（例）

①	貨物の価格	US$ 50,000
②	ホーチミンから神戸港までの船運賃	US$ 2,000
③	ホーチミンから神戸港までの海上保険料	US$ 500
	合　計	US$ 52,500 −

売手が費用負担するのは、貨物そのもののほかに神戸港に着くまでの運賃、保険料も合わせ、合計 52,500 米ドルだというわけです。

これを次のように表します。

　　　　CIF KOBE US$52,500 −

（CIF の後には、船の目的港（KOBE ＝神戸）が続きます。そして、貨物の価格に目的港までの運賃、保険料も含めた合計額が表示されます。）

もちろん、売手は、負担した費用は買手である輸入者に請求することになります。

　費用負担という面からお話しましたが、インコタームズではこのほか「危険負担」も明確にされています。「危険負担」というのは、輸出者である売手が貨物に対していつまで（たとえば、破損などの）責任を負うか、ということです。

　CIFの場合は、輸出港に停泊中の船に積み込むまでは、売手の危険負担となり、その後は、輸入者である買手の危険負担になります。上記の例だと、ベトナムのホーチミンに停泊中の船舶に貨物を積み込むまでが輸出者である売手の責任だ、ということになりますね。その後は、輸入者に危険負担が移転するということになります。

　危険負担については、課税価格の計算とは直接関係がありませんが、費用負担内容については、大いに関係があります。先にも申しましたが、基本的にCIF価格が課税価格になるからです。つまり、輸入貨物そのもののほかに、日本に到着するまでの運送費用、海上保険料に対しても関税が課されるということなのです。

　このように課税価格の計算にあたって、CIF価格は大変重要です。

　次にCIPです。コンテナ船、航空機輸送の場合、使われるべきものです。この条件は、CIF条件に対応するもので、「輸送費・保険料込み条件」です。売手は、例えば、日本のコンテナ・ヤード（CY）に到着するまでの運送費、保険料を負担します。

　この場合、2020年のインコタームズでは、CIFの場合もCIPの場合も保険料を売手が負担しますが、CIPの場合、保険のてん補範囲は、CIFの場合も広く、いわゆるオールリスクであるICC（A）若しくは同種の約款で付保し、さらに、買主の要求があれば買主の費用で戦争危険及びストライキ危険等の特約についても付保する必要があります。これに対し、CIFの場合の海上保険は、一番てん補範囲の狭い新ICC（C）若しくは、同種の約款を付保することとなっています。このようなことから、CIPによる場合は、CIFによる場合よりも海上保険料は、高くなることになります。

売手から買手への危険負担の移転時期は、輸出地において売主の指定した運送人に貨物を引き渡した時です。例えば、輸出地のコンテナ・ヤード（CY）のオペレーターに貨物を引き渡した時などです。

（4）CFR 条件と CPT 条件

(Cost and Freight（…named port of destination)）

CFR は、一時代昔のインコタームズでは、C & F と呼んでいました。何か、CIF に似てますね。CIF を分解しますと…

C = Cost 　　　（貨物の価格）

I = Insurance 　（海上保険料）

F = Freight 　　（海上運賃）　　　となります。

それでは、**CFR** となるとどうなると思いますか。

C = Cost 　　　（貨物の価格）

& 　　　そして

F = Freight 　　（海上運賃）ですね。

つまり、売手である輸出者は、貨物のほか、日本に着くまでの海上運賃を負担している、ということになります。

たとえば、「**CFR NAGOYA　US$1,800 －**」と表示されていた場合には、輸出者である売手は、貨物のほか名古屋港に貨物が着くまでの運賃を負担しており、その価格は、1,800 米ドルだという意味です。

課税価格の計算にあたっては、CFR 価格では、海上保険料が含まれていません。輸入者である買手が保険をかけた場合（これを付保といいます。）には、日本に着くまでの保険料を加算します。CFR 価格で表示されている仕入書では、海上保険料がいくらかかったか証明できません。そこで、輸入（納税）申告にあたって保険会社から発行される保険料明細書を添付します。

なお、海上保険を付保していない場合には、保険料は当然加算されません。当たり前ですが、かけていないのだから、保険料はゼロ円です。付保されていない場合、「通常かかる保険料の額」を課税価格計算の際、

プラスすると勘違いする方もいますから、注意しなければなりません。

またCFR条件の場合も輸出者である売手の危険負担は、CIF条件と同様、輸出港に停泊中の船舶に貨物を積むまでです。

次にCPT条件です。これもコンテナ船、航空機輸送の場合に使うべき条件です。

この条件は、CFRに対応するもので、「運送費込み条件」、つまり、日本のコンテナ・ヤード（CY）に到着するまでの運送費のみを負担するという条件です。ですから、課税価格の計算においては、買手が負担した日本に到着するまでの海上保険があれば、その保険料を加算しなければならないということになります。

危険負担は、CIPの場合と同じです。

（5）FOB条件とFCA条件

(Free on Board （…named port of shipment）)

CIFに並んでよく利用される貿易条件です。

これは、貨物の価格に貨物を輸出国に停泊中の船舶に積み込むまでの運送関連費用と保険料を加えた価格です。

たとえばFOB Ho Chi Minh US$1,000 －と表示された場合を考えましょう。これは、ホーチミンの港に停泊中の船舶に輸出貨物を積み込むまでの価格が1,000米ドルだということを示しています。

ちょっと分解してみましょう。

①	貨物の価格	US$	860
②	ホーチミンの工場からホーチミンの港までの運賃	US$	80
③	ホーチミンの工場からホーチミンの港までの保険料	US$	60
	合計	US$	1,000 －

つまりは、輸出者である売手は、ホーチミンに停泊中の船舶に貨物を積み込み、買手に引き渡します。売手の費用負担もここまでです。また、危険負担もここまでです。あとは、買手がホーチミンから日本の港（た

とえば鹿児島港）までの運賃、かける場合は、海上保険料、さらには、鹿児島港に着いた後、保税蔵置場などへ運送する費用などを負担します。

　もう、気がついた方もいらっしゃるでしょう。FOB 価格に輸出港から日本に着くまでの運賃、保険料をプラスしたものが CIF 価格になります。

> 〔FOB 価格〕＋〔輸出港から日本に到着するまでの運賃〕＋〔輸出港から日本に到着するまでの保険料〕＝ CIF 価格

ですから、課税価格も基本的にはそうやって計算すればよいのです。

図3-20　FOB 価格を CIF 価格にする！

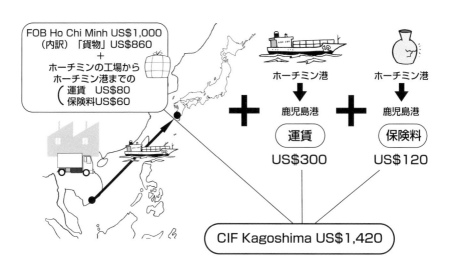

次に FCA 条件です。これもコンテナ船、航空機輸送の場合に使われるべき条件です。

　この条件は、FOB 条件に対応するもので「運送人渡し条件」と呼ばれます。例えば、コンテナ貨物の場合、輸出地のコンテナ・ヤード（CY）

のオペレーターに貨物を引き渡すまでの費用を売手が負担するという条件です。売手の費用負担は、コンテナ船に積み込む前のコンテナ・ヤードに入れたときまでですから、コンテナ・ヤード（CY）に入れたときからコンテナ船に積み込む費用は、買手が負担することになります。FOB条件の場合は、すでにお話しした通り、船に積み込むまでの費用を売手が負担します。FCA条件とFOB条件の売手の費用負担の違いに注意してください。

　また、売手の危険負担は、指定場所で買手の指定した運送人に引き渡した時までです。

（6）EXW 条件

（Ex Works…named place）

　ex は「渡し」を表し、works は「工場」をさしますが、ひとことで言えば「現地引渡し」、つまり売手の工場などで貨物を引き渡す条件です。買手である輸入者は、売手の工場などで貨物を受け取り、日本に運ぶことになります。

　ところで、このようにして引き取られた貨物の課税価格は、どうなるのでしょうか？　「課税価格は、CIF 価格」ですから、EXW 価格に、売手の工場から日本の港に着くまでの運賃や海上保険料をプラスしなければなりません。このように課税価格算出のためには、CIF 価格以外の条件の場合、CIF 価格に直す必要があります。

図3-21　EXW（現地引渡し）価格と CIF 価格の関係は？

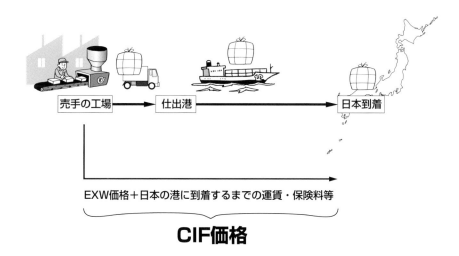

売手の工場　→　仕出港　　　　　　　日本到着

EXW価格＋日本の港に到着するまでの運賃・保険料等

CIF価格

（7）DDP 条件

(Delivered Duty Paid（…named place of destination)）

DDP という条件は、あまり聞いたことがないかも知れませんが、「自分の家まで輸出者である売手が商品を届けてくれる条件」と言うとイメージがつかみやすいでしょう。

DDP を分解してみましょう。

①	貨物の価格	US$	860
②	ホーチミンの工場からホーチミンの港までの運賃	US$	80
③	ホーチミンの工場からホーチミンの港までの保険料	US$	60
④	ホーチミンの港から東京港までの運賃	US$	200
⑤	ホーチミンの港から東京港までの保険料	US$	80
⑥	本邦での通関料及び関税など	US$	128
⑦	東京港から輸入者である買手の倉庫までの運賃	US$	100
⑧	東京港から輸入者である買手の倉庫までの保険料	US$	60
	合計	US$	1,568 -

（説明のために米ドルで表示しています。実際はもちろん関税などは、円で払います。）

この場合、課税価格は、いくらになるでしょう（1 米ドル = 108 円として）。

「課税価格は、CIF 価格」でしたね。そこで、上記の価格から CIF 価格を求めて円に換算した価格が課税価格ということになります。

上の例ですと、①から⑤までを足したものが CIF 価格です。すなわち、1,280 米ドルです。これを円換算すると、138,240 円ということになります。

ちなみに売手の危険負担は、日本で貨物を買手に引き渡したときに消滅し、買手に移転します。

第7講 ◉「課税価格の決定の原則」で計算できないときは?

(1) 課税価格決定の優先度

　すでにお話したように、輸入取引が委託販売契約や贈与契約など国際売買契約によらないものや、取引が国際売買契約によっていても取引価格を課税価格とすると不公平が生じるいわゆる「特別の事情」がある場合には、取引価格によらずに課税価格を決定します。

　これらの場合、課税価格の計算方法は、次の順番で行うことが関税定率法に定められています。

① **同種の貨物の取引価格**から輸入貨物の課税価格を計算する。

② **類似の貨物の取引価格**から輸入貨物の課税価格を計算する。

③ **当該輸入貨物の国内販売価格**から課税価格を計算する。

④ **同種の貨物の国内販売価格**から課税価格を計算する。

⑤ **類似の貨物の国内販売価格**から課税価格を計算する。

⑥ **当該輸入貨物の製造原価**から課税価格を計算する。

⑦ その他

　これら①から⑦は、課税価格の計算方法の優先順位を示しています。したがって、①の、同種の貨物の取引価格から輸入貨物の課税価格を計算することができれば、②以下の方法で課税価格を算出することは、あり得ません。

　また、①と②、④と⑤を見るとわかるように、「同種の貨物の取引価格」と「類似の貨物の取引価格」の二つがある場合には、必ず「同種の貨物の取引価格」から、また、「同種の貨物の国内販売価格」と「類似の貨物の国内販売価格」の二つがある場合には、「同種の貨物の国内販売価格」から輸入貨物の課税価格を求めなければなりません。優先順位は、絶対

181

的です。

　しかし、例外が一つあります。上記の①から②の方法で課税価格が計算できない場合には、③から⑤に挙げるように国内販売価格から課税価格を計算するのですが、「製造原価からも課税価格の計算ができる」場合（つまり、製造原価が把握できる場合）で、かつ、「輸入者が製造原価から課税価格を算出することを希望する」場合には、③から⑤の方法に優先して「⑥製造原価から課税価格を計算する」ことができます。

図3-22　課税価格の決定方法の優先度は？

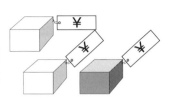

優先度１．実際の取引価格
優先度２．同種の貨物の取引価格
優先度３．類似の貨物の取引価格
優先度４．国内販売価格

国内販売価格の
① 当該貨物
② 同種の貨物
③ 類似の貨物

高 優先度 低

優先度５．当該貨物の製造原価
優先度６．その他

輸入者が希望するときには、優先度４の「国内販売価格」から課税価格を決定する方法より、優先度５の「当該貨物の製造原価」から課税価格を決定する方法を優先することができる。

（2）同種の貨物と類似の貨物

　たとえば、オーストラリアの輸出業者からオーストラリア産のＡという製品のサンプルが無償で輸入されたとしましょう。仕入書には、「ノー　コマーシャル　ヴァリュー」と書かれています。だからといって、輸入申告価格をゼロ円としてはいけません。有償で輸入した場合の価格に置き換えなければなりません。

　この時まず、これと「同種の貨物」があるかどうかを調査します。「同種の貨物」とは、外見上微細な差異があっても形状、品質及び社会的評価を含むすべての点で輸入貨物と同一である貨物をいいます。

　さらに、この「同種の貨物」のうち、輸出日（すなわち輸出国において輸入貨物を本邦に向け船積みした日など）がその貨物と同一日のものか、**前後約１ヵ月以内の近接する日**に輸出されたもので、同じ生産国で生産されたものを、比較の対象にします。

　上記のオーストラリア産であるＡの貨物は、５月１日に日本に輸出されたとしましょう。この場合は、おおむね４月１日から５月31日の間に輸出されたオーストラリア産の「同種の貨物」が、課税価格の決定上参考になります。

　つぎに、この条件に当てはまる「同種の貨物」の価格が二つ以上ある場合は、どのようにして課税価格を決定していくのか見てみましょう。この場合、「輸出貨物の生産者が生産した貨物」と「それ以外の者が生産した貨物」に分け、「輸出貨物の生産者が生産した貨物」があるときは、その貨物により課税価格を決定します。もし、その価格が２以上ある場合には、最小の価格をもって課税価格とします。

　「同種の貨物」がない場合には、「類似の貨物」から課税価格を決定しますが、「類似の貨物」というのは、輸入貨物とすべて同一ではないが、同様の形状及び材質の貨物でその輸入貨物と同一の機能を持ち、かつ、輸入貨物と商業上交換の可能な貨物をいいます。

　どのような「類似の貨物」を比較の対象にするかというと、「同種の貨物」の場合と同様です。

図3-23 課税価格決定のための「同種の貨物」「類似の貨物」とは？

	優先度 高	優先度 低
優先度1	同種の貨物の価格 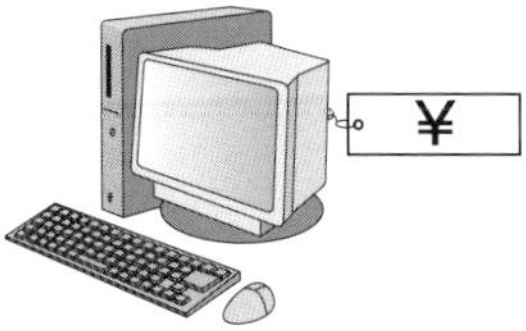　￥	類似の貨物の価格 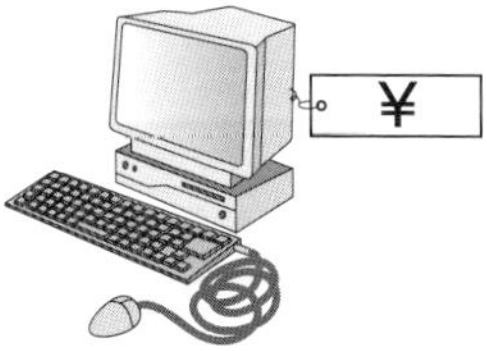　￥
優先度2	同じ生産者が生産した貨物の価格 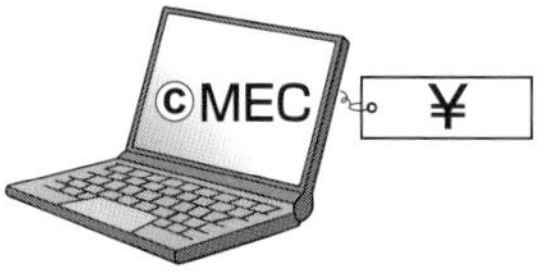　©MEC　￥	他の生産者が生産した貨物の価格 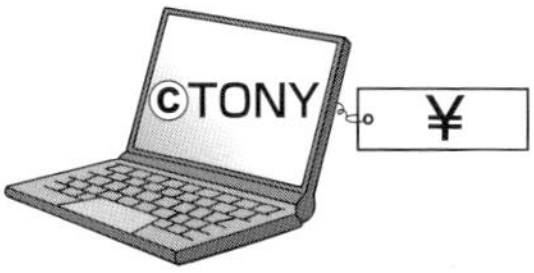　©TONY　￥
優先度3	比較する貨物の価格が2つ以上ある場合 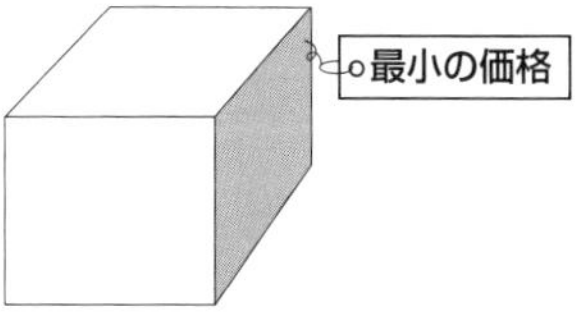 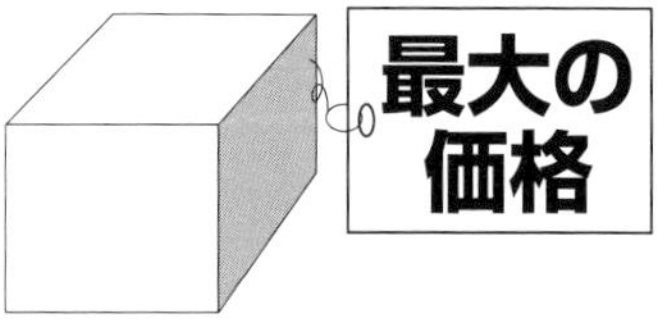
	最小の価格	最大の価格

（3）国内販売価格から課税価格を算出する

　同種の貨物、類似の貨物の取引価格から輸入貨物の課税価格を算出することができない場合で、製造原価から課税価格を計算することを輸入者が希望しない限り、国内販売価格から課税価格を算出します。その計算式は図3-24にある通りです。

　図3-24　国内販売価格から課税価格を算出する！

国内販売価格から課税価格を算出する考え方は、

> 〔国内販売価格〕−〔貨物が日本に着いてから国内販売されるまでかかった運送関連費用、通関費用、輸入税、一般経費、利潤など〕＝ CIF価格（CIF価格に戻す）

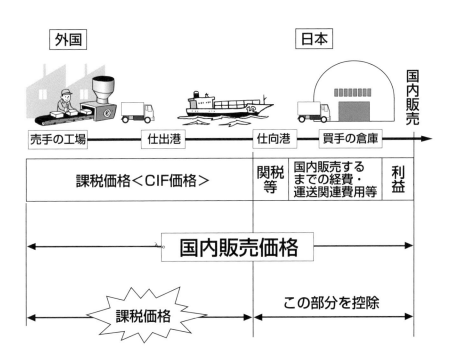

　では、どの貨物の国内販売価格を計算の基礎にするのかと言いますと、まずはその輸入貨物の国内販売価格が把握できる場合には国内販売価格を基礎にします。ただし、国内販売価格が親会社、子会社間のような特殊関係のある者の間での取引価格である場合は、計算の基礎にはなりません。

　一方、この輸入貨物の国内販売価格がない場合には、同種の貨物の国内販売価格を、同種の貨物の国内販売価格がない場合には、類似の貨物の国内販売価格を計算の基礎として用います。

　「どの国内販売価格を計算の基礎にするか」の選択には、このような優先順位があるのです。

　国内販売価格は、課税価格を計算しようとしている貨物の輸入申告日の**前後約1ヵ月以内**のものを選択します。もし、この間のものに適当な国内販売価格がない場合には、**輸入申告日後90日以内の最も早い日の**国内販売価格とします。

　さらに、国内販売価格が、2以上ありその単価が異なる場合には、**販売数量がいちばん多い単価**を選択します。

図3-25　貨物Zの国内販売価格の単価はどれを選択？

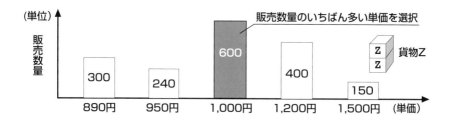

● 上の図では、単価1,000円で販売されている量が600単位といちばん多い。
　したがって国内販売価格は1,000円として計算します。

（4）製造原価から課税価格を算出する

輸入貨物の製造原価から課税価格を計算する方法は、

> 〔貨物の製造原価〕＋〔利潤、一般経費、輸出地の工場から日本
> の輸入港に着くまでの運送関連費用等〕＝ CIF 価格（CIF 価格にする）

　ここで注意したいのが、製造原価は、その輸入しようとする貨物の製造原価しか用いることはできないという点です。「同種の貨物の製造原価」や「類似の貨物の製造原価」は、用いることができません。

図3-26 製造原価から課税価格を算出する！

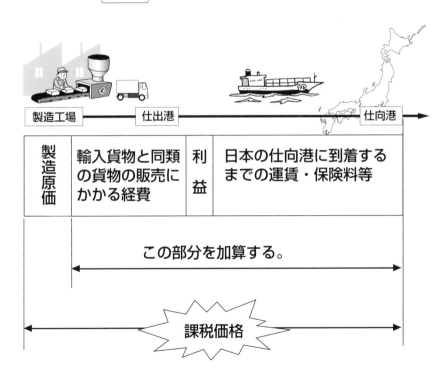

187

（5）特殊な輸入貨物の課税価格の決定

　関税定率法では、これまでお話した方法で課税価格が算出できない場合には、「特殊な輸入貨物に係る課税価格の決定」の規定により課税価格を決定するように定めています。関税定率法で規定する同種の貨物も類似の貨物も国内販売価格もなく、また、その貨物の製造原価の把握もできないとなると課税価格を算出することができません。課税価格が決定できなければ従量税の場合は別として関税などの輸入税の計算ができません。

　そこで、これまで説明してきた規定を弾力的に解釈することによって課税価格を求める方法がこの「特殊な輸入貨物に係る課税価格の決定」なのです。

　「弾力的」というのは、具体的にはどういうことなのでしょうか。たとえば、同種の貨物や類似の貨物の価格で課税価格決定の資料となるのは、「本邦への輸出の日又はこれに近接する日（輸出日の前後1ヵ月以内）に本邦へ輸出されたもの」と規定されていますが、この「外国から本邦への輸出の日に近接する日」をたとえば2ヵ月以内にしてみて、その間に輸入された同種の貨物や類似の貨物の価格を資料にするといったことを意味しています。

　このようにして、とにかく課税価格を算出しないことには、関税などの輸入税が計算できません。

　ただし、たとえば、ほかに課税価格を決定する適当な方法がないので、本邦において生産された同種の貨物の国内販売価格に基づいて課税価格を計算した、というような方法は、関税評価協定で禁止されています。

　関税評価協定に抵触する方法は用いることができません。

第8講 ● 課税価格の計算実務 Q & A

Q1 輸入申告前に損傷した

貨物を陸揚げ後、保税地域に運送する際、トラック事故により輸入貨物 50 ケース（課税価格 500 万円）のうち 2 ケース（課税価格 20 万円分）が損傷を受けました。これらの商品は、もはや商品価値がないためあらかじめ税関長の承認を受けて滅却しました。

この場合の関税の納税申告価格は、どのようになるでしょうか。

（※滅却とは、焼却などによって貨物を処分すること。）

A1

輸入貨物には、従価税品と従量税品及びこれらの混合である従価従量税品があります。従価税品というのは、貨物の価格に対して関税が課税されるもので、従量税品というのは、貨物の数量に対して関税が課税されるものです。

この事例では、課税価格 500 万円としていますので、この輸入貨物は、従価税品であることがわかります。

従価税品の場合、輸入申告前に変質、損傷によって貨物の経済的価値が低下した場合には、その低下後の価格で申告します。

> 〔変質、損傷がなかったものとした場合の課税価格〕－〔変質、損傷があったことによる減価分〕＝〔変質、損傷後の課税価格〕

したがって、この場合の課税価格は、

500 万円 − 20 万円 = 480 万円

と計算します。

滅却された商品は、あらかじめ「税関長の承認」を受けていますので、関税は課されません。ただし税関長の承認を受けず、単に届出だけで滅却すると滅却時の価値に対し関税が課されます。

189

このほか、変質、損傷により貨物の性質が変化するなどの理由によって、本来の用途では使えないが、他の用途には使えるという場合もあり得ます。この場合は貨物を滅却などせずに輸入します。この場合の課税価格も前記のように計算します。

Q2 **納期に遅れる可能性があるため運送手段を変更した場合**

南米のある製造工場に製品の製造を依頼していましたが、船便だと当方の指定納期までに貨物を納品できないと言ってきました。当初の契約では、船便によることとなっていたのですが、航空便に変更できないかと言っています。航空便にすると運送費がかなりかかり、その分関税等の税金が高くつくことになります。

しかし、船便でよいと答えた場合、納期が遅れてビジネスチャンスに乗り遅れるおそれもあります。どうにかいい方法はないでしょうか。

A2

納期に遅れる原因が輸出者側にあるのでしたら、納期までにきちんと納めるよう輸出者に強く言う必要があります。当初の契約で運送手段は、船便という取り決めになっていても、それは、船便でも納期までに納め

図3-27 納期に間に合わせるため航空機で運送！

ⅰ 納期に遅れる原因が輸出者側にある。

ⅱ 運送手段を航空機に変更。
運賃差額を輸出者がもつ。
　　　　　　　　　※運賃差額は課税価格に算入
　　　　　　　　　　されない。

ることができるという前提によるものです。その前提が守れなかったのですから、輸入者は輸出者に「航空便を利用しろ、しかし、船便と航空便の費用の差額は、輸出者が負担しろ」と交渉すべきです。

ところで、航空便にすると運送費がかなりかかり、「その分関税等の税金も高くつく」と心配されていますが、ⅰ）納期に遅れる原因が輸出者側にあり、ⅱ）納期に間に合わせるために運送手段を船舶から航空機に変更し、その運賃差額を輸入者以外の者（たとえば輸出者）が負担する場合には、その運賃の差額は課税価格に算入されません。

しかし、もし運賃差額を輸入者が負担した場合には、その差額分は課税価格に算入しなければなりません。この点は、十分に注意する必要があります。

Ｑ３ **JAL が自社の航空機で機用品を輸入した場合の運賃の取り扱い**

JAL などの航空会社が自社で使う機用品、航空機整備用品、事務用品などを自社の航空機で輸入する場合、課税価格の計算上、特別な規定があると聞いたのですが。

Ａ３

まず、皆さんは「機用品」という新しい言葉に迷われたかも知れませんね。「機用品」というのは、航空機内で使用するすべてのものをさします。航空機を飛ばす燃料、機内食、飲み物、毛布、什器などが挙げられます。

この機用品を外国と日本を往来する航空機の機内に積み込む場合には、税関長の承認が必要になります。一方、日本の空だけを飛んでいる航空機（これを「国内航空機」といいます。）に機用品を積み込む場合には、特に税関長の承認は要求されていません。しかし、積み込めるのは「内国貨物」だけです。「内国貨物」というのは、関税法で定義されている言葉ですが、われわれが自由に使える国内にある貨物をイメージしてください。外国から日本に着いた貨物でまだ税関長の輸入許可がされていない貨物は、「外国貨物」といわれるもので、税関の取り締まり

下にあります。われわれは、まだ勝手に使ったり消費したりできません。税関の審査、検査を経てかつ関税などを納付することにより、税関長の輸入許可を受けます。この税関長の輸入許可により、その貨物は「内国貨物」になります。

ですから、仮に外国のブランド品を国内航空機に機用品として積み込む場合には、税関長の輸入許可を受け、関税法上の「内国貨物」にしてから積み込む必要があります。

ところで、たとえばJALがある国のブランド品を輸入し国内航空機の機用品にしようとする場合、ブランド品の課税価格の計算上、実は特典があるのです。

JALが自社の航空機で輸入した場合、課税価格に算入する運賃は、船舶の運賃でいいとされています。これが、他のライバル会社、たとえばANAで輸入した場合には、きちんと航空運賃で課税価格を計算しなければなりません。もちろん、この規定はJALだけの規定ではなく航空運送事業を営む会社すべてに適用されます。もっとも、外国線がない航空会社には、適用チャンスはありませんが。

Q4　無償提供した金型代の課税価格算入金額の計算方法は

　ベトナムのハノイの近郊の製造会社に製造を委託し、製品を輸入しています。委託の際、製造に使用する金型を無償提供しています。この金型は、当社の100％子会社でつくったものです。この場合、無償提供した金型を課税価格に含めなければならないことは、わかりましたが、算入する金額は、いくらとすればいいのでしょうか。

金型の生産に要した費用	…350,000円
金型代金として当社が子会社に支払った価格	…360,000円
金型の一般的な価格	…450,000円

A4

　無償提供された物品等についての加算額は、その物品の製造者が委託者（買手）と特殊関係があるかどうかにより異なります。

特殊関係とは、両者の関係が親族関係にあるとか、事業の法令上認められた共同経営者であるとか、売手又は買手の一方が5％以上の社外株式を所有している場合などをいいます。

無償提供する物品がこの特殊関係にある者が製造や、開発をしたものである場合には、無償提供された物品などの生産もしくは開発に要した費用が加算されることになっています。

質問の場合、100％子会社が製造した金型ですから、特殊関係にある者が生産したものです。したがって、「金型の生産に要した費用」である 350,000 円を課税価格に算入するということになります。

Q5　DVD-ROM の課税価格の計算方法は

　人気映画の DVD-ROM を輸入しようと考えていますが、映画ソフトは課税価格に算入されるものなのでしょうか。

A5

映画や音楽などのソフトウェアが記録されている DVD-ROM は、すべてを含んだ価格が課税価格として評価されます。

下記の例を見てください。

これらの価格は、DVD-ROM 1 枚あたりの価格です。

---

① DVD-ROM 本体の価格　　　　　　　　　　　　　　　　600 円
② DVD-ROM に記録されているソフトウェア（映画ソフト）
　の価格　　　　　　　　　　　　　　　　　　　　　8,500 円
③ DVD-ROM への映画の記録費用　　　　　　　　　　　　800 円
④ DVD-ROM の梱包費用　　　　　　　　　　　　　　　　80 円
⑤ 日本までの運送費、保険料　　　　　　　　　　　　　900 円

　上記のような例の場合、1 枚あたりの課税価格は、映画ソフトの価格も含めた 10,880 円になります。

　一方、同じソフトウェアが記録されている DVD-ROM でも、そのソフトウェアが映画や音楽以外の「パソコンなどの運用に関係するプログラム、手順、規則」などである場合には、ソフトウェアの価格は課税価格に算入されません。ただし、記録費用や梱包費用は課税価格に算入します。

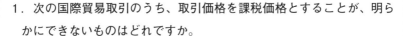

クイズで学ぶ　Part Ⅲ

1．次の国際貿易取引のうち、取引価格を課税価格とすることが、明らかにできないものはどれですか。

　　a　シンガポールにある兄の会社からシンガポールの民芸品を輸入する場合

　　b　仕入書（インボイス）に記載された金額のほかに別途 50 万円を輸入者が支払うことになっている場合

　　c　米国のネブラスカ州オマハ市に住んでいる姉から子牛を無償で譲り受けた場合

2．通関士勉強中のＡ君、Ｂ君、Ｃ君の会話で明らかに間違っているものはどれですか。

　　a　Ａ君の発言「パリから最新作映画の DVD を大量に輸入しようと思うんだ。この場合、映画ソフトは物でないから、映画ソフト代は、課税価格には、算入されないんだ。だから課税価格は DVD 本体価格となり、関税もそんなにかからないんだ。」

　　b　Ｂ君の発言「へぇー、映画ソフト代は課税価格に入らないんだ。そういえば、親父の会社でコンピュータ用プログラムが記録されているフロッピーディスクを輸入したときコンピュータ用プログラム代は、課税価格には入らないって言ってたよ。」

　　c　Ｃ君の発言「そうなんだ。でも、映画ソフト代は DVD へその映画を記録する費用とともに課税価格に入るはずだよ。」

3．次のうち、課税価格に算入する必要のないデザイン料はどれですか。いずれも、輸入者はデザイナーにデザイン料を支払い、そのデザイン

を無償で海外の工場に提供し、デザインを利用した製品を輸入した場合です。

a　輸入するデスクのデザインで、イタリアのデザイン会社がデザインしたもの

b　輸入するデスクのデザインで、日本のデザイン会社がデザインしたもの

c　輸入するデスクの製造に使用する板のデザインで、日本のデザイン会社がデザインしたもの

・・・・・・・・・・・・・・・・・・・・・・ 答 ・・・・・・・・・・・・・・・・・・・・・

1.　c

　a　兄（親族）から輸入する場合は、特殊関係者からの輸入ということになります。これにより取引価格に影響があるとされるときは、取引価格を課税価格にすることはできません。しかし、取引価格に影響がないと証明できれば取引価格をもって課税価格とすることができます。

　b　仕入書価格以外に別途、輸出者に支払をする場合でも、その支払額が明らかであれば、その額を含めた取引価格が課税価格になります。

　c　この文でポイントとなるのは、「無償で譲り受けた場合」です。つまり、プレゼントされた場合は、有償で購入した場合の価格に置き換えて課税価格を算出します。したがって、これが正解です。

2.　a

　a　映画のソフトウェア自体の価格は、課税価格に算入されます。

　b　一方、フロッピーディスクに記録されたプログラム（映画、音楽以外のもので、たとえばコンピュータの運用に関係するものや手順

などのプログラム）については、そのプログラム自体の価格は、課税価格に算入しません。したがって、B君の話も納得できます。

c 以上の説明からもわかるようにC君の発言は正しいです。

3. b

a 輸入品のデザイン料を買手が支払った場合、原則として課税価格に算入します。

b しかし、例外として、日本でデザインされたものに対するデザイン料は、課税価格に算入する必要はありません。

c ただし、輸入品の製造に使用する原材料等のデザインのデザイン料の場合、日本でデザインしたものでも、課税価格に算入します。

いろいろな関税率と減免税・戻し税をマスターする！

Part

IV

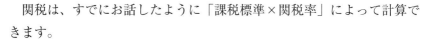

第１講 ◉ 関税率とは？

関税は、すでにお話したように「課税標準×関税率」によって計算できます。

また、課税標準は、前章でお話した課税価格のほかに、貨物の数量が課税標準となる場合があります。

具体的には、実行関税率表を参照すればその貨物が従価税品か従量税品かは、すぐにわかります。

（１）簡易税率

１．入国者の輸入貨物に対する簡易税率

税率表には、簡便な税率表が二つあります。それは、「**入国者の輸入貨物に対する簡易税率**」表と「**少額貨物に対する簡易税率**」表です。

「入国者の輸入貨物に対する簡易税率」は、海外旅行でのおみやげなどの携帯品、別送品に対し課税するもので、関税、消費税などがすべて含まれた税率になっています。通常は、簡易税率の方が一般の税率より低くなっています。もし、一般の税率表で無税となっている場合には、簡易税率表の税率は適用しません。また、関税が免除される貨物も簡易税率によって関税が徴収されることもありません。

ここで注意をしたいのは、買い付けの場合です。

輸入雑貨店を開いているＡさんは、年２回ほど海外を回って商品を買い付けて来ます。Ａさんは、一回の買い付けを 100 万円から 150 万円ぐらいしていますが、商品もトランクの中にも入りきるので特に申告などしていません。決済はカードでしています。この商品は日本では海外の倍ぐらいの値段で売れるので、効率は大変よいようです。

しかし、この方法には、大きな落とし穴があるのです。

Ａさんの行ったことは、立派な密輸です。まず明らかにしておかなければならないのは、この「携帯品、別送品」の簡易税率は、個人的な使

用に供するものが対象になる点です。Aさんが海外から買い付けたその貨物は、個人的使用に供するものではなく、商売のために供しようとするものですから、もちろん免税枠の20万円も適用されません。

　買い付けた商品を携帯品として日本に持ち込もうという場合は、税関に申告し、関税などを納付する必要があります。なお、30万円程度のものでしたら、簡単な旅具通関で対応してもらえます。

　一方、別送品として輸入しようという場合には、一般の輸入（納税）申告が必要になります。

　トランクに入りきるので申告せず海外から持ち込むということは、無申告輸入であり、犯罪になります。関税徴収の立場からは本税のほか、無申告加算税、延滞税が課されます。仮にもし、「携帯品、別送品」の簡易税率の適用を受けて輸入されたものであるときには、一般の関税との差額、延滞税が課税されることになるでしょう。

　さらに、未成年者が持ち込むたばこ、酒類に対しても免税枠は適用されません。なぜでしょうか？　そうです。日本の法律では、20歳未満の人はたばこを吸ったり、酒を飲んだりすることはできない、すなわち彼の個人的用途に供すると認められるものではないからです。

２．少額貨物（20万円以下）に対する簡易税率

　課税価格20万円以下の少額貨物に対する簡易税率は、少額貨物の輸入の増加に対応し制定されたものです。ただしこれは関税率だけで、他の消費税率などは含んでいませんので、別途それらの税金を計算する必要があります。

　簡易税率の制度がつくられたいきさつについて触れておきましょう。少額貨物についても一般の関税率表によって税額を見つけるとなると、分類が複雑なため、税関は労多くして結局税収は少ないということになります。特に、郵便路線で輸入される課税価格20万円以下の貨物の関税額は賦課課税方式により確定されますから、税関職員にも負担がかかります。税関職員も多くいるというわけではありません。そこで少額貨

物についてはもっと効率的に関税額の計算ができるように、という観点からこの簡易税率制度が制定されたのです。これにより、税関職員は社会悪物品やテロ関連物資の水際阻止のための検査に力を注ぐことができ、さらには少しでも早く通関ができるようになります。

表4-1 携帯品の簡易税率表(上)と少額輸入貨物に対する簡易税率表(下)

携帯品の簡易税率表（2020年1月現在）

品　　　　名	税　　率
1．酒類	
（1）ウイスキー	800円／ℓ
（2）ブランデー	800円／ℓ
（3）ラム、ジン、ウォッカなど	500円／ℓ
（4）リキュール、しょうちゅうなど	400円／ℓ
（5）焼酎	300円／ℓ
（6）その他（ワイン、ビールなど）	200円／ℓ
2．その他の品物（関税が無税のものを除く）	15%

（たばこ）

紙巻たばこ	1本につき　15円

- 腕時計、ゴルフクラブなど関税が課されないものについては、消費税及び地方消費税が課されます。
- 1個又は1組の課税価格が10万円を超えるもの、米、食用ののり、パイナップル製品などについては、簡易税率が適用されません。

少額輸入貨物に対する簡易税率表（関税のみ）（2020年1月現在）

品　　　　名	関　税　率
トマトソース、毛革製品など	20%
コーヒー及び茶（紅茶を除く）など	15%
衣類及び衣類附属品（メリヤス編み又はクロセ編みのものを除く）　など	10%
プラスチック製品、ガラス製品、卑金属（銅、アルミニウム等）製品など	3%
ゴム・紙・鉄鋼製品など	無税
その他のもの	5%

（2）一般の税率

実行関税率表を眺めてみますと、一つの貨物に4つの種類の税率が記載されています。

「基本税率」「協定税率」「特恵税率」「暫定税率」の4つです。

この4つの税率のうち、「基本税率」「特恵税率」「暫定税率」は、日本の国会で制定された税率です。そこで、国が定めた税率という意味で、「国定税率」と呼んでいます。一方、「協定税率」は、WTO（世界貿易機関）の取り決めた税率です。

なお、このほかに経済連携協定（EPA）による締約国間で使われるEPA税率もあります。

1．特恵税率

これらの税率のうち「特恵税率」は他の税率と異なります。

「特恵税率」は、日本が定めた**特恵受益国**からの原産品輸入に適用される税率なのです。特恵受益国は、開発途上国で特恵供与の便益を希望する国のうち、政令で定める国です。この開発途上の国の原産品に対する関税率を、特別に低くしたり、無税にしたりしてこれらの国の原産品を輸入しやすいようにしています。その結果、輸入が増え、輸出国である開発途上国は、見返りとして外貨を稼ぐことができます。特恵関税制度（G.S.P.）はこのように開発途上国の輸出を増やし、対外収支の改善を促進させることで、経済発展に寄与しようという制度で、UNCTAD（国連貿易開発会議）により創設されました。わが国では、1971年から実施されています。

また、この制度の利用が特定の国のみに集中しないように、一つの特恵受益国の産品であって、過去三年間の平均で輸入額が同一物品の総額の50％を超え、かつ、その輸入額が15億円を超えることとなったときは、3年間、その特恵受益国からの当該物品は、特恵供与を行わないとする**国別・品目別特恵関税適用除外措置**をとっています。これにより平成

26 年から除外になった 94 品目の内訳は、農水産物が 20 品目であり、中国原産が 19 品目、ブラジル品目が 1 品目。鉱工業品目は、73 品目で中国産が 72 品目、タイ原産が 1 品目でした。

しかし、中国をはじめ、これらの国は平成 31 年から特恵関税を卒業しています。令和 4 年 3 月末日までは、アルゼンチン産のグレーンソルガムについて除外措置が取られていました。令和 5 年度は該当する品目はありません。

では、**特恵関税の卒業**とは、何でしょうか。

これは、全面卒業と部分卒業があります。**全面卒業**とは、もはや開発途上といえず、先進国並みに経済成長した国について特恵の供与を除外するものです。また、**部分卒業**とは、十分な国際競争力を持つに至った品目については、特恵の供与の除外をするというものです。

参考までにその基準をご紹介しておきましょう。

1. 全面適用除外措置（全面卒業）

3 年間連続して次の①又は②を満たした国が全面卒業の対象です。

①　国際復興開発銀行が公表する統計（以下「世銀統計」という）において、「高所得国」に該当した国

②　世銀統計の「高中所得国」に該当した国で、かつ、全世界の総輸出額に占める当該国の輸出額の割合が 1 ％以上を満たした国。その国を原産地とする、すべての品目が特恵関税の適用対象から除外されます。

しかし、その後の 3 ヵ年の世銀統計において、連続して上記①又は②に分類されなくなった場合で、かつ、その国から希望があった場合には、その国に対してその年の翌年度から再び特恵関税が適用されることになっています。

この基準により平成 31 年には、中国（香港、マカオ地域を除く）、タイ、マレーシア、ブラジル、メキシコ又、令和 3 年には、パラオが特恵関税の受益国から卒業しました。

2.　部分適用除外措置（部分卒業）特恵受益国のうち、⑴の基準を満たす国については、その国を原産地とする⑵の基準を満たす品目は、特恵関税の適用対象から１年間除外される。

　なお、次年度も引き続き当該基準を満たした場合は、また一年間延長されます。

　⑴　世銀統計において、①「高所得国」に該当した国、又は②「高中所得国」に該当し、かつ、全世界の総輸出額に占める当該国の輸出額の割合が１％以上を満たした国で

　⑵　⑴の基準を満たす国を原産地とする品目の輸入額が10億円を超え、かつ、同一品目の全世界からの日本の総輸入額に占める当該国の割合が25％を超える品目について、部分適用除外措置（部分卒業）がなされます。

　現在は該当する品目はありません。

　さて、後発開発途上国（LDC）とされる国の場合には、**特別特恵受益国**という制度もあります。ここからの原産品は、すべて無税で輸入ができます。令和元（2019）年10月１日現在の特恵受益国（地域）は、135ヵ国・5地域となっています。うち特別特恵受益国は、47ヵ国です。

　特恵関税は、どの貨物にも適用されるわけではありません。農水産品の場合は、「**農水産品特恵税率表**」（関税暫定措置法別表２）に記載されているものだけが対象です。鉱工業産品の場合は、原則としてすべて対象になりますが、「**鉱工業産品特恵関税例外品目表**」（関税暫定措置法別表４）に記載されているものは、その対象にはなりません。

　特別特恵受益国の原産品は、原則として無税です。

　特恵関税を適用して輸入する場合には、輸入申告の際、原則として原産地の税関など原産地証明書の発給について権限を有する機関が発給した「原産地証明書」（C/O）の添付が必要になります。この原産地証明書は法定化されており、通常「特恵原産地証明書」と呼びます。

▶▶コラム

特恵受益国の原産品とは

　特恵供与を受けることができるのは、特恵受益国の原産品であることが必要です。特恵受益国から輸入しても特恵受益国の原産品として認められなければ特恵供与は、受けることができません。特恵受益国の原産品かどうかは、関税暫定措置法に定める原産地の基準に該当しているかどうかで判断されます。

　ここで重要なのが「完全生産品」と「実質的変更基準」です。

　「完全生産品」とは、特恵受益国で生まれ育ったものは、当該特恵受益国の原産品であるというもので、たとえば、特恵受益国で生まれ育った牛は、当該特恵受益国の原産品であるということになります。

　また、「実質的変更基準」は、第三国の原料品から特恵受益国で製造された製品の間に大きな変化をもたらした場合に、その大きな変化をもたらした当該特恵受益国を原産地にするというものです。しかし実際は、関税暫定措置法施行規則別表に「原産品として資格を与えるための条件」に具体的な条件が規定されていますが、なかなか厳しい条件が決められています。

　たとえば、第三国から輸入した第三国産の小麦粉（第11類）から製造したスパゲッティ（19.02項）は、製造した特恵受益国の原産品として認められるのかという場合です。11類から19類と関税分類が変更になっているのだから、実質的な変更がされている。したがって、特恵受益国の原産品と考えてしまいます。しかし、関税暫定措置法施行規則別表を参照すると「原産品として資格を与えるための条件」は、第19.02項のスパゲッティについて第三国からの原料品による場合は、「第10類（穀物）、第11類（穀粉、加工穀物、でん粉）又は第19類（穀物、穀粉、ベーカリー製品）に該当する物品以外の物品からの製造」に限って原産性を認めるとあります。

第三国の小麦粉（第11類）から特恵受益国でスパゲッティを製造しても、特恵受益国の原産性は認められないということになります。

　この場合、特恵受益国の原産品である小麦粉、又は、日本の原産品である小麦粉、あるいは、両方を混ぜた小麦粉を原料としてできたスパゲッティは、当該特恵受益国の原産品として認められます。

　このように原産性認定は、そう簡単ではありません。

2．協定税率、基本税率、暫定税率

　協定税率というのは、WTO 加盟国の原産品に対し適用される税率で、「世界貿易機関を設立するマラケシュ協定附属書ⅠAの 1994 年の関税及び貿易に関する一般協定の**マラケシュ議定書**に附属する譲許表の第 38 表の日本国の譲許表」に基づいています。このように条約により定められたものなので、日本の国会によってつくられた国定税率とは性格を異にします。

　譲許表に記載されている税率（「**譲許税率**」といいます。）は、WTO 加盟国からの輸入の場合、適用される税率が「ここまでの税率だったら許されます」と品目区分ごとに約束しているものです。実行関税率表では譲許税率を、「**WTO 税率**」もしくは「**協定税率**」と呼びます。たとえば、協定税率が 5 ％だとしましょう。この場合、その国の関税で 8 ％と定められていたとしても WTO 加盟国からの原産品の輸入は、5 ％を超えて課税してはならないのです。

　その国の関税とは、**国定税率**をさします。国定税率のうちの特恵税率は、前にも述べたように開発途上国からの輸入品に対して適用されるもので、事実上、協定税率との適用をめぐる優先関係を判断することは、まずありません。しかし、基本税率や暫定税率とは、適用税率をめぐって競合することがよくあります。

　国定税率のうちの基本税率は、全品目についてベーシックな税率を定めています。一方、暫定税率とは、テンポラリーな税率でその時々の経済的な要請などで一定の貨物について設定されるものです。暫定税率が定められているときは、**暫定税率が基本税率に優先**します。

　一例を挙げて考えてみましょう。イタリアから輸入するあるイタリア産の貨物について「基本税率 6 ％、協定税率 8 ％、暫定税率 10 ％」と定められていたとします。この場合、まず国定税率が何％になるかを判断します。基本税率と暫定税率の二つが定められている場合は、暫定税率が適用されます。ですから、この場合、国定税率は、暫定税率の 10 ％となりますね。

　次に協定税率と比べます。協定税率は８％で、WTO加盟国の原産品の輸入では、この税率を超えて課してはならないのです。イタリアは、WTO加盟国です。したがって、適用される税率は、８％になります。

　それでは、国定税率と協定税率が同じ税率であった場合は、どちらの税率が適用になるのでしょうか。同じだからどっちでもいいんじゃないか、なんて言わないでください。

　「協定税率を超えて課してはならない」でしたね。「同じ」ということは、協定税率を超えていないわけですから、国定税率が適用になります。

　国定税率を適用した場合、**原産地証明書**は不要ですが、協定税率の場合、WTO加盟国の原産品であることを証明する原産地証明書の提出が必要になります。ですから、この場合は不要です。

図4-2　実行関税率表のカッコはどういう意味？

牛の肉に注目してください。「基本税率（50％）、協定税率（50％）、暫定税率　38.5％」です。したがって、実行関税率は、38.5％になります。

番　号 No.	統計細分 Stat. code. No.	NACCS用	品　　　名	基本 General	協定 WTO	特恵 Preferential	暫定 Temporary	単位 Unit	Description
02.01			牛の肉（生鮮のものおよび冷蔵したものに限る。）						Meat of bovine animals, fresh or chilled:
0201.10	000	†	枝肉及び半丸枝肉	(50％)	(50％)	×無税 Free	38.5％	KG	Carcasses and half-carcasses
0201.20	000	†	その他の骨付き肉	(50％)	(50％)	×無税 Free	38.5％	KG	Other cuts with bone in
0201.30			骨付きでない肉	(50％)	(50％)	×無税 Free	38.5％		Boneless:
	010	†	―ロインのもの					KG	Loin
	020	†	―かた、うで及びもものもの					KG	Chuck, Clod and Round
	030	†	―ばらのもの					KG	Brisket and plate
	090	†	―その他のもの					KG	Other

税率 Rate of Duty

実行税率

（出典　財団法人日本関税協会「実行関税率表」2019年度版）

　ところで実行関税率表では、この税率の優先順位によって適用となる税率以外の税率については、カッコをつけています。カッコのついていないところが適用される税率になります。

3．原産地の証明方法

　協定税率は WTO 加盟国の原産品に対して適用になると言いましたが、さらには、便益関税適用国、通商航海条約などの条約締約国からの原産品の輸入品に対しても適用されます。いずれの場合も、輸入品がそれらの国の原産品であることが必要です。したがって、それを証明するために原則として、その国の権限のある官公署の作成した「**原産地証明書**」の提出が必要です。

　＜便益関税＞

　関税定率法では、（2）の一般の税率とは別に特殊な関税について規定されていますが、そのうちの「**便益関税**」を見てみましょう。

　これは、WTO 加盟国ではなく、また、通商航海条約の締結国でもない場合でも、その国が日本からの輸入品に対して関税を優遇しているならば、今度はその国の原産品を日本が輸入するときに、同じように日本でも関税について優遇しよう、というものです。この便益関税適用国には、現在ブータン、ソマリア、ナウル、バハマ、エチオピアなど 2021 年 4 月時点で 13 ヵ国(又は地域)が定められています。これらの国では、**協定税率**が適用される貨物すべてに適用されます。

4．EPA/FTA 税率

　EPA/FTA（以下「EPA」）とは、日本との**経済連携協定**のことです。この協定は、モノの輸入の際の関税を撤廃し、貿易や投資が自由に行われるよう締約国間の経済障壁を取り除くのが目的です。たとえば、ある物品について、締約時に、締約国の原産品の輸入については、関税を撤廃したり、あるいは、何年後には関税を撤廃するとし、段階的に関税率

を下げていくというような形で締約を結ぶのです。このような EPA の恩恵を日本の輸入者が受けるためには、協定税率適用のときや特恵関税率適用の場合と同様に締約国の原産品であることを輸入の際、税関に証明しなければなりません。

　ところで EPA の場合は、締約国の原産地であることを証明する原産地証明書を提出する方法のほか、①**認定輸出者**が自ら原産地を**証明**する方法、②**輸出者、生産者又は輸入者が証明**する方法、③輸入者が証明する方法があり、どの方法をとるかは、協定によって異なります。

　①**原産地証明書による方法**……原産国の権威ある発行機関により発行された**第三者機関**の証明書で、これまで一般的な原産地証明の手段でした。TPP11、EU 協定以外の EPA では、この方法によります。ただし、ペルー協定、メキシコ協定、スイス協定、RCEP については、認定輸出者による自己証明の方法でも証明できます。また、オーストラリア協定は、この方法の他、原産品申告書による方法により証明することができます。

　②**認定輸出者による自己証明の方法**……あらかじめそれぞれの国の権限のある政府当局から認定を受けた**認定輸出者**が、**自己証明**を行う方法

表4-3 　各経済連携協定の原産地の証明方法

（2023 年 11 月末日現在発効済みの EPA）

	TPP11協定 日EU協定 日英協定 日米貿易協定	オーストラリア協定	スイス・ペルー・メキシコ協定	RCEP	その他のEPA
原産地証明書	×	◎	◎	◎	◎
認定輸出者による自己証明	×	×	◎	◎	×
原産品申告書	◎	◎	×	◎	×

※29　また、ペルー協定、モンゴル協定の場合、輸入品によっては、原産地証明書に加えて「品目証明書」の提出が必要な場合があります。たとえば、モンゴル協定の場合、品目証明書が必要な品目は 3 品目あり、カードドリンク、ラプシャヌードル、チャツァルガンワインです。いずれもモンゴル特産品です。

です。自己証明の方法は、認定輸出者が作成した仕入書などの商業文書に原産品である旨を記載する方法により証明します。

この方法は、ペルー協定、メキシコ協定、そしてスイス協定の3つのEPAの場合に認められてる方法です。

③**輸入者、輸出者若しくは、製造者による自己証明の方法**……輸入者、輸出者若しくは、生産者のいずれかが**原産品申告書**を作成します。この方法は、TPP協定とEU協定、及びオーストラリア協定の場合に認められています。

なお、前にお話した通り、オーストラリア協定の場合は、①原産地証明書による方法と原産品申告書による方法とを選択することができます。

しかし、一方CPTPP協定（TPP11協定）や日EU協定、日英協定、日米貿易協定の場合は、原産品申告書による方法で原産地を証明します。

また、日米貿易協定の場合は、輸入者のみが原産品申告書を作成できます。

なお、この場合、税関長がその提出の必要がないと認めるときを除き、輸入貨物がTPP原産品であることを明らかにする書類を併せて提出しなければなりません。具体的には、貨物の**契約書**、**仕入書**、**価格表**、**製造工程表**そのほか、輸入される貨物が締約国の原産品であることを明らかにする書類を併せて提出する必要があります。これらの書類を併せて原産品申告書等と呼んでいます。

5　原産地証明書等の有効期間

輸入申告の日において、原則として**発給の日**から**一年**を経過したものであってはならないと規定されています。

6．原産地証明書等の提出の時期

原則として締約国原産地証明書等は、輸入申告の際に提出が必要とされていますが、次の場合は、注意が必要です。

①**蔵入承認申請を行う場合**（関税法第 43 条の 3 第 1 項（外国貨物を置くことの承認）の申請）。

保税蔵置場に外国貨物を 3 か月を超えておこうとする場合には、税関長に承認を受ける必要があります。税関長の承認を実務では、蔵入承認（くらいれ）と呼んでいます。

[根拠条文]

　　第四十三条の三　保税蔵置場に外国貨物を入れる者は、当該貨物をその入れた日から三月（やむを得ない理由により必要があると認めるときは、申請により、税関長が指定する期間）を超えて当該保税蔵置場に置こうとする場合には、政令で定めるところにより、その超えることとなる日前に税関長に申請し、その承認を受けなければならない。

つまり、3 ヵ月を超えて、保税蔵置場に長期蔵置をする場合には、「蔵入承認申請」を税関長に行い、蔵入承認を受ける必要があります。そして、原産地証明書の提出の時期は、蔵入承認申請を行う場合は、「蔵入承認申請」の際に提出します。

②**税関長の承認を受けて輸入の許可前に貨物を引き取ろうとする場合**

輸入許可前における貨物の引取承認（BP 承認）を受けるためには、輸入申告の後、税関長に承認申請を行います。

どのような場合に、BP 承認を受けるのかといいますと、輸入申告後、税関の審査などに時間を要する場合、それを待っているとビジネスチャンス（商機）を逸してしまうような場合に、輸入許可はされていないが、とりあえず貨物だけを先に引き取り、市場に流すといった場合などに利用されています。

また、相手国から原産地証明書等が輸入申告時等にまだ届かない場合にもこの制度が利用できます。

この場合は、「その**申告又は審査後相当と認められる期間内**」に原産地証明書を提出すればよいことになっています。

③郵便物の場合

国際郵便を利用して輸入される場合は、**郵便物の検査**や郵便物に係る**税関の検査**の際に提出します。

表4-4 原産地証明書等の提出の時期

①原則	輸入申告の際に提出
②BP 承認貨物	輸入申告又は審査後相当と認められる期間内
③郵便物	郵便物に係る税関の検査の際に提出

7 原産地証明書等の提出が不要な場合

EPA/FTA の原産地証明書等については、課税価格が**20万円以下の**場合には、その提出は不要です。また、20万円を超えている場合でもインドネシア協定と ASEAN 協定の場合を除いて、物品の種類又は形状により、原産地が明らかであると税関長が認めたものについては、不要です。

また、特例輸入者等が行う特例申告に係る貨物の場合も不要です。

8．運送要件証明書

これは、特恵受益国から直送ではなく第三国を経由するなどして輸入された場合に必要なものです。

締約国から日本に直接運送されているならば問題ないのですが、非原産国である第三国を経由する際に、そこで加工等が行われていた場合、締約国の原産性は、失ってしまいます。このようなことは行われず、単に積替えや一時蔵置以外の取扱いはされていないなどを経由地の税関など権限を有する官公署の証明を受ける必要があるのです。

表4-5　原産地証明書が不要な場合

	協定税率の適用を受ける場合（WTO加盟国からの輸入・便益関税の適用）	特恵関税の適用を受ける場合	EPA（経済連携協定）税率の適用を受ける場合
①〜③のいずれかのものを輸入する場合は提出不要	①課税価格の総額が20万円以下のもの		
	②20万円超の貨物については種類、商標等又は当該貨物に係る仕入書その他の書類によりその原産地が明らかなもの	②20万円超の貨物については、税関長が物品の種類又は形状によりその原産地が明らかであると認めたもの（インドネシア協定又はアセアン包括協定における関税についての特別な規定による便益の適用を受けるものを除く。）	
	③特例申告貨物	③特例申告貨物（ただし、税関長が提出の必要があると認めた場合は提出を要する。）	③特例申告貨物

　つまり、この証明書は、

　①運送上の理由により**積替え**及び**一時蔵置**以外の取扱いがなされなかった

　②非原産国等において博覧会、展示会その他これに類するものへの**出品**のため輸出されたもので、輸出した者によって当該非原産国等から本邦に輸出された

　ということについて証明をする書類です。

　運送要件証明書は、課税価格が20万円以下の場合以外には、必ず提出することが必要です。

第2講 ◉ 減免税・戻し税のしくみとは？
～その1・再び輸入する～

　関税は、一定の要件に該当するときは、関税の全部又は一部が免除されます。関税の全部が免除されることを「免税」といい、一部免除されることを「減税」といいます。

　また、関税を納付した後、一定の要件の下^{もと}にその関税を払い戻す制度があり、これを「戻し税」といいます。

　関税の減免税や戻し税制度は、おもに「**関税定率法**」と「**関税暫定措置法**」に定められています。また、消費税の減免税や戻し税については、「**輸徴法**^{※30}」に定められています。

※30　輸徴法とは、「輸入品に対する内国消費税の徴収等に関する法律」のことで、消費税の減免税等について定めています。つまり関税の減免税は「関税定率法」と「関税暫定措置法」に、消費税の減免税は「輸徴法」に、定めているわけです。

（1）無条件減免税と解除条件付減免税

ところで、条件に注目した分類ですと、減免税は、

①　**無条件減免税**

②　**一般的な解除条件付減免税**

③　**制限的な解除条件付減免税**

に分かれます。

　まず、無条件減免税の例です。たとえば、「注文の取り集めのための見本」として無条件免税が適用され輸入された貨物であっても、輸入後その貨物を使用する用途等について何の制限も課せられません。つまり免税輸入した後、輸入者は、その貨物をどのように使っても構わないのです。これが無条件の意味です。

　ところで、配合飼料を製造する目的でその原料品である「とうもろこ

し」を輸入する場合、「とうもろこし」が免税されるという制度があります。

図4-6 条件に注目して分類すると…

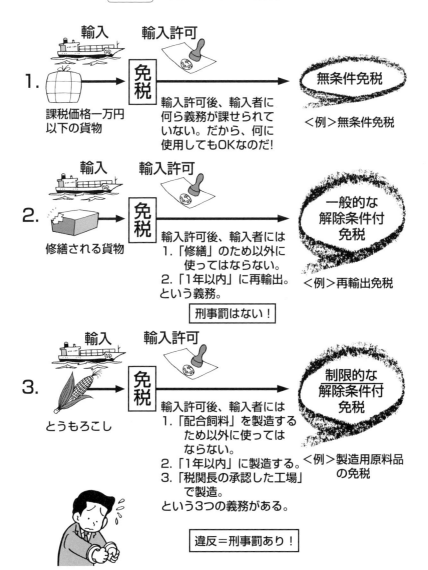

1. 輸入 輸入許可
免税
課税価格一万円以下の貨物
輸入許可後、輸入者に何ら義務が課せられていない。だから、何に使用してもOKなのだ！
無条件免税
＜例＞無条件免税

2. 輸入 輸入許可
免税
修繕される貨物
輸入許可後、輸入者には
1.「修繕」のため以外に使ってはならない。
2.「1年以内」に再輸出。
という義務。
刑事罰はない！
一般的な解除条件付免税
＜例＞再輸出免税

3. 輸入 輸入許可
免税
とうもろこし
輸入許可後、輸入者には
1.「配合飼料」を製造するため以外に使ってはならない。
2.「1年以内」に製造する。
3.「税関長の承認した工場」で製造。
という3つの義務がある。
違反＝刑事罰あり！
制限的な解除条件付免税
＜例＞製造用原料品の免税

　この「とうもろこし」が免税されるには「１年以内に税関長の承認を受けた製造工場で配合飼料を製造」することが条件です（関税定率法13条「製造用原料品の減免税」）。

　前者のように課税価格一万円以下という要件に該当すれば輸入者に対し何の義務も課さないで免税するのが「**無条件免税**」と呼ばれるものです。また、「とうもろこし」のように免税輸入後、「１年以内」に「税関長の承認工場」で「配合飼料」を製造するという条件が課されています。このようなものを「**条件付免税**」といいます。そして、「１年以内」に「税関長の承認工場」で「配合飼料」を製造するという３つの条件のいずれか一つでも満たされなければ、免税の効力が解除され関税が徴収されます。このように、条件違反が起きた場合、これを「免税の効力を解除するための条件が整った（成就した）」つまり「解除条件が成就した」として免除した関税を徴収します。このようなことから、「解除条件付減免税」と呼んでいるのです。

　そのほかに、たとえば「修繕される貨物」を「輸入許可の日」から「１年以内」に「外国に再輸出」する条件で免税輸入した場合（関税定率法17条「再輸出免税」）、１年以内に外国に再輸出できなかった場合には、「解除条件が成就した」として関税が徴収されます。また、修繕以外の用途に使った場合も同様です。ですからこの例の場合も「解除条件付免税」です。しかし、同じ「解除条件付免税」ですが、実は上記の「とうもろこし」の場合とは、ちょっと性格を異にしているのです。

　とうもろこしの場合、この「とうもろこし」を「配合飼料の製造以外」に使用してはいけないとか、「税関長の承認した製造工場以外の場所」で製造に使用してはいけないなど免税の条件イコール禁止事項となっています。そしてこれに反したときは、関税の徴収とともに関税法違反となり**刑事罰**が予定されています。これを「**制限的な解除条件付減免税**」といっています。

　ところが、「修繕される貨物」には、刑事罰は予定されていません。このような減免税を「**一般的な解除条件付減免税**」と呼んでいます。

（２）貨物の流れで減免税を考えよう

　前項では、条件をとらえて分類しましたが、貨物の流れという側面から分類し、覚えていくと理解がしやすいと思います。

　「再輸入に関する減免税制度」と「再輸出に関する減免税制度」にまず分けて考えていきましょう。

　図４-７にあるように、「**再輸入**」というのは、外国に輸出したものを再び日本に輸入することをいいます。反対に「**再輸出**」というのは、外国から輸入したものを、また、外国に輸出することをいいます。

（３）再輸入に関する減免税

　再輸入に関する減免税というと関税定率法では、「再輸入免税」（関税定率法 14 条 10 号）、「再輸入減税」（関税定率法 14 条の２）、「加工又は修繕のため輸出された貨物の減税」（関税定率法 11 条）の３つの制度があります。また、関税暫定措置法では、「加工又は組立てのため輸出された貨物を原材料とした製品の減税」（関税暫定措置法８条）があります。

１．再輸入免税

　—付加価値をつけていない。—

　基本パターンは、「再輸入免税」です。日本から外国への「輸出許可の際の性質及び形状」が変わらないものを輸入した場合、その貨物は、無条件に免税されるというものです。

　みなさんもご存じだと思いますが、高級車の窃盗事件が相次いでいた時期がありました。警察へ盗難届けを出してもなかなか見つからないのが現状です。盗まれた高級車の多くは海外に輸出されていたのですが、海外の警察からクルマが見つかったという連絡が来る例もあるようです。

　この場合、クルマ自体に仮に些細な加工等がされていても、輸出されたときの性質、形状に変わりがないとされれば、この再輸入免税の規定により免税輸入ができます。

いろいろな関税率と減免税・戻し税をマスターする！

　ところで、よく海外旅行をする人にたとえてこんな話をします。外国に旅行する人が日本を出国する際、税関で体重を計ります。Ａさんは、60キロでした。Ｂさんは、70キロでした。外国に行き、おいしいものばかり食べてきます。でも、Ａさんは、途中でおなかの調子が悪くなりちょっと自重しました。Ｂさんは、快調そのものです。

　帰国の際、税関で体重を計りました。Ａさんは、60キロと出国の時と変わっていませんでした。Ｂさんは、80キロになっていました。

　ところでＡさんは、出国の時と変化がありませんから、関税は免除されます。日本から出る時（輸出許可の際）の性質、形状が変わっていないからです。Ｂさんは、どうでしょう。帰国時は、80キロですが、このうち、70キロは出国する時からあった体重です。だから、この分の関税はいただきません。でも10キロは、外国でつけたお肉です。この10キロ分は、関税の対象になります。つまりこの場合、80キロに対する関税を計算し、うち70キロ分は、関税を軽減するということになります。

　実際は、体重が増えたって関税はかかりませんが、Ａさんの場合が「再輸入免税」の考え方、Ｂさんの場合が「加工又は修繕のため輸出された貨物の減税」の考え方なのです。

　さて、話を本来の貨物に戻しましょう。

　「再輸入免税」とは、「輸出許可の際の性質及び形状」が変わっていないものを輸入した場合に関税が免除されるもので、「輸出許可の日」から何年以内に再輸入されるものでなければならないとか、その貨物は、「メイド　イン　ジャパン」でなければならないといった制限はありません。もっとも、日本から輸出する際、これからお話する「再輸出に関する減免税、戻し税」の適用を受けていた場合には、再輸入免税は、適用されません。

　まだピンとこないかも知れませんが、「再輸出に関する減免税、戻し税」を読み終えたらもう一度、考えてみてください。

図4-7 貨物の流れから減免税を見てみよう

＜再輸入に関する減免税＞

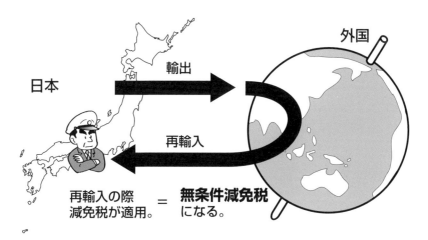

日本 輸出

再輸入

再輸入の際
減免税が適用。 ＝ **無条件減免税**
になる。

外国

＜再輸出に関する減免税＞

このとき減免税が適用。
（条件：再輸出すること等がつく）
＝**解除条件付減免税**になる。

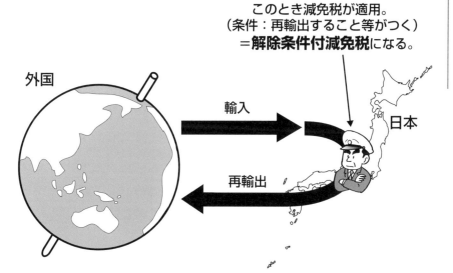

外国 輸入 日本

再輸出

2．加工又は修繕のため輸出された貨物の減税－関税定率法11条

―付加価値をつけている。―

次に「加工又は修繕のため輸出された貨物の減税」です。

先ほどの例ですと、出国時（輸出許可の日）に70キロの人が80キロになって帰ってきた（輸入）わけですが、この場合10キロの「価値」を外国でつけてきたことになりますね。この「付加価値」に注目してください。同じように、原料品を輸出し、海外で加工や修繕をして「価値」が付加されて日本に戻ってくる場合があります。

20万円の原料品を外国に輸出し、そこで加工され100万円の製品が製造されました。そして、この製品を日本に輸入するという場合です。この製品の税率が、10％だったとします。この場合、100万円の製品にかかる関税から「日本から輸出した原料品」である20万円に相当する関税部分が減税されます。

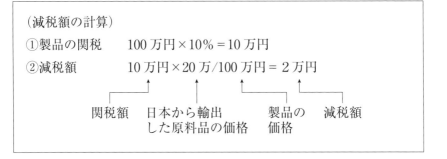

「加工又は修繕のため輸出された貨物の減税」のイメージがつかめたのではないでしょうか。

ただし、減税を受けるためには、次のような要件があります。

「加工・修繕」された貨物が原料などの輸出許可の日から原則として**1年以内**に輸入されなければなりません。また、「加工」のものについては、日本において**加工困難**であるものに限られます。

3．加工又は組立てのため輸出された貨物を原材料とした製品の減税

─暫8　─付加価値をつけている。─

今お話した関税定率法11条の「加工又は修繕のため輸出された貨物の減税」に似たものに関税暫定措置法8条に規定されている「加工又は組立てのため輸出された貨物を原材料とした製品の減税」というものがあります。実務では、「暫8」といってよく利用される減税制度です。

さて、この暫8も、「加工」品の減税制度ですが、関税定率法11条の場合とは異なり、日本において加工困難であるものに限るという制限はいっさいありません。また、製品の範囲は限られています。現在は、**革製のハンドバッグ**、**革製の手袋**などの皮革製品の一部、**じゅうたん類**、**ニット製衣類**などの繊維製品、**革製の履物の甲**の場合などに限られます。この限定されている製品については、経済状態などの要素もあり改正も多いので注意が必要です。

関税定率法における加工貿易については、日本でできるものまで減税する必要はないという考え方ですが、「暫8」は、一定の製品の貿易の促進という目的があります。たとえば、革製履物の甲の部分については、日本でも加工することは、難しくない話です。しかし、なぜ、「暫8」の適用対象として困難性の要件なしに減税ができると定めたのでしょうか。

これには、国内革靴産業界の必死なる要望があったのです。革靴産業は、**中国**や**開発途上国**からの輸入品である安い革靴に押され、これらに負けないだけの競争力をつけないといけないという岐路に立たされています。

このような背景から外国で安く革製履物の甲の部分を加工することによって、生産コストの軽減を図り、競争力をつける。このようにして国内の革靴産業の活性化を図ろうと「暫8」の対象製品にしたのです。さらには、大変すぐれた国産のなめし革の利用も見込めます。

ところで、いくら適用品目を定めているとはいえ、外国で製造された製品が減税されるということは、**産業の空洞化**を助長するのではないか

第2講

減免税・戻し税のしくみとは？　〜その1・再び輸入する〜

223

という意見もあります。しかし、現実問題、もはや多くの製造業者にとって、海外に生産拠点を置くことは避けられません。今は、生産工程のすべてが海外に移るのを防ぐことが重要です。このような観点から暫8の規定を活用することにより「**原料生産工程**」を国内に維持することが期待されています。

　また繊維製品等の、**海外ストック取引**の場合も「暫8」が利用できます。これは、原料品をあらかじめ加工地に輸出し、輸出地で備蓄・保管（＝ストック）しておいて、必要に応じてその原料品を使用した委託加工契約を行い、加工をする形態の取引をいいます。需要に応じてタイミングよく加工でき、便利な取引です。

図4-8 関税定率法11条と暫8（ざんぱち）との違いは？

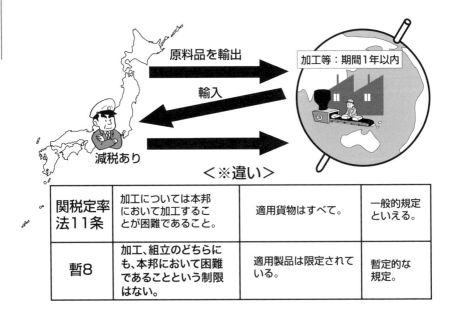

	加工については本邦において加工することが困難であること。	適用貨物はすべて。	一般的規定といえる。
関税定率法11条	加工については本邦において加工することが困難であること。	適用貨物はすべて。	一般的規定といえる。
暫8	加工、組立のどちらにも、本邦において困難であることという制限はない。	適用製品は限定されている。	暫定的な規定。

（４）再輸入減税

１．再輸入減税のしくみ

　ここでは、二つの例を挙げて再輸入減税の内容を説明しましょう。

　話がちょっとだけ複雑になりますから、図４-９を見ながら読んでください。

　これまでは、「日本→外国→日本」でしたが、今度は「外国→日本→外国→日本」になります。最初の「外国→日本」がプラスされました。ここに注目してください。

　そこで、まず、一つの例を挙げましょう。外国から原材料を日本に持ってきます。これを保税工場に搬入します。輸入（納税）申告は、しません。なぜかというと、この原料品は、外国貨物のまま保税工場の中で加工、製造するからです。これを保税作業といいます。保税作業を行うため、税関長に申請し移入承認を受けます。

図４-９ 再輸入減税のしくみ

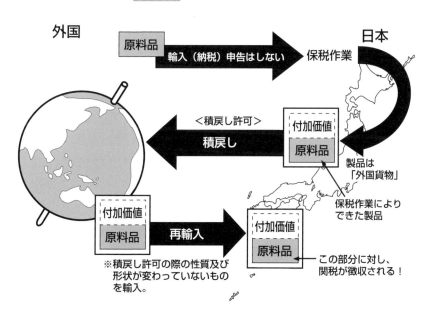

225

そして、保税工場の中で保税作業をします。保税作業によってできた製品は、外国貨物です。これらの製品を外国に送り出すことを、関税法は「輸出」と区別して「積戻し」といいます。つまり、輸出は、「内国貨物」を外国に送り出すことで、積戻しは、「外国貨物」を外国に送り出すことと定義しています。

ところで、保税作業によってつくられた外国貨物である製品を（外国に）積み戻した場合で、積戻し許可の際の性質及び形状が変わっていないものを輸入した場合、先にお話した再輸入免税が適用になるでしょうか。

答えは、ノーです。再輸入免税が適用される場合は、「**日本から輸出された貨物**」に限られています。もう一度、再輸入免税の要件を確かめてください。今、お話している例は、「日本から積み戻された貨物」についてです。「**積み戻された貨物**」は、再輸入免税の適用はありません。

もし、外国貨物である原料品について輸入許可を受け、内国貨物にしてから加工、製造してできた製品であれば、これを輸出し、輸出許可の際の性質及び形状が変わっていないものを再輸入すれば、再輸入免税の適用を受けることができます。

ところで、日本の保税工場でつくられた製品で積戻し許可の際の性質及び形状が変わっていないものを輸入した場合、**再輸入減税**の対象になるのです。なぜって、図4-10を見てください。

図4-10 製品のうちどの部分が減税される？

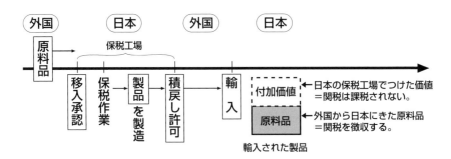

　積み戻された製品の内訳は、「外国の原料品＋日本の保税工場でつけた価値」です。今回輸入された製品も積戻しの際の性質及び形状が変わらないものであれば「外国の原料品＋日本の保税工場でつけた価値」という内訳になります。そこで、「外国の原料品」の部分は、保税作業のため関税が課されなかった部分ですから、今回の輸入の時は、この部分の関税を徴収します。

　一方、「日本の保税工場でつけた価値」は、実質、日本のモノです。つまり、この「日本のモノ」の部分に課される関税は、課税しませんというのが、再輸入減税の考え方です。

　このように、再輸入貨物の関税額からその製品の原料として使用された外国貨物に対する関税で、保税作業によったため課されなかった額を差し引いた額が減税されるというわけです。

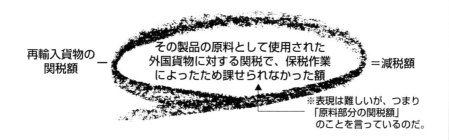

再輸入貨物の
関税額
−
その製品の原料として使用された
外国貨物に対する関税で、保税作業
によったため課せられなかった額
＝減税額
※表現は難しいが、つまり
「原料部分の関税額」
のことを言っているのだ。

2．もう一つの再輸入減税

　さて、再輸入減税のもう一つの例です。

　やはり、外国→日本の部分に注目してください。

---

①　外国から、日本で模様を焼き付けるため陶磁器を輸入しました。この陶磁器は、**輸入許可の日から1年以内に模様の焼付けの作業を終わらせ外国に輸出することを条件に免税輸入**されました。これが、「**再輸出免税**」です。

②　ところで、無事、模様を焼き付けた陶磁器ができ上がり、輸入

227

許可の日から**1年以内**に**再輸出**しました。その後、この模様を焼き付けた陶磁器が再輸入されました。

ここで問題です。この陶磁器が「輸出許可の際の性質及び形状」のまま再輸入されたときには、再輸入免税が適用になるでしょうか。

前に述べたように、再輸出に関する減免税、戻し税をすでに適用された貨物は、再輸入免税は、適用されません。つまり「再輸出免税」の適用をすでに受けているこの陶磁器は、「再輸入免税」は適用されないのです。

しかし、この陶磁器の例の場合、「再輸入減税」を受けることができるのです。

図4-11 この陶磁器には再輸入減税が適用される！

＜外国＞　　　　　　　　　　　　　　　　　　　＜日本＞

陶磁器

再輸出免税の適用を受け、免税輸入。

模様を焼き付ける

再輸出（輸出許可）

SALE

再輸入　　引き取る

輸出許可の際の性質・形状のまま輸入。

この場合、**再輸入免税**の適用は受けられないが、
日本でつけた価値（模様を焼き付ける）については、
関税の徴収は行わないので**再輸入減税**の適用は受けられる。

この輸入品は、「陶磁器の価値＋模様の価値」となりますね。

陶磁器そのものは、輸入許可は受けているものの関税は免除されたものです。模様の焼付けとは、日本の工場で行われたものです。今回の輸入では、**前回の輸入の際、関税が免除された部分**については関税をいただくが、**模様の価値の部分**については、日本でつけた部分ですから関税はいただかないという考え方です。

つまり、再輸入貨物である「模様付きの陶磁器」の関税額から免除された関税額（最初の輸入時の陶磁器に対する関税）を差し引いた額が減税額になります。

図4-12 陶磁器の減税額はどうなる？

＜減税額の計算＞

「模様付きの陶磁器」の関税額 － 最初の輸入時に免除された関税額 ＝減税額

＜価値に注目して区分けして考えよう！＞

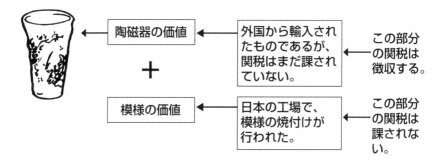

陶磁器の価値 ← 外国から輸入されたものであるが、関税はまだ課されていない。 → この部分の関税は徴収する。

＋

模様の価値 ← 日本の工場で、模様の焼付けが行われた。 → この部分の関税は課されない。

このように、再輸入減税の対象となるのは、保税作業によりできた製品や加工原材料の再輸出免税のように、日本で何らかの価値をつけている場合です。たとえば、同じ再輸出免税の適用を受けた「試験品」を再輸出後、輸出許可の際の性質及び形状のまま再輸入したとしても、日本では、価値をつけていませんから、再輸入減税の対象にはなりません。もちろん、再輸入免税の対象にもなりません。

さて、これらの再輸入に関する減免税は、すべて無条件減免税の部類に入ります。

図4-13 再輸入減税の対象となるのは？

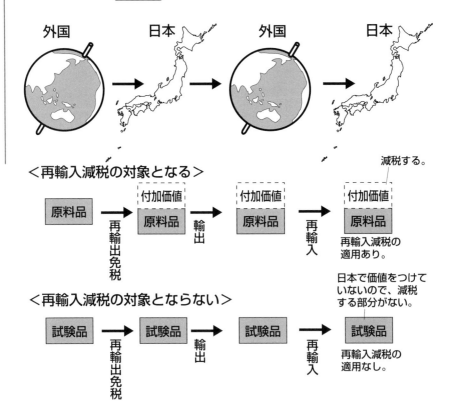

第3講 ◉ 減免税・戻し税のしくみとは？
～その2・再び輸出する～

（1）再輸出に関する減免税・戻し税

　再輸出に関する減免税には、「再輸出免税」（関税定率法 17 条）、「再輸出減税」（関税定率法 18 条）、「輸出貨物の製造用原料品の減免税」（関税定率法 19 条）があります。このうち、「再輸出減税」に関しては、対象となる貨物がありませんので、説明は省略します。これらすべては、日本に輸入後、一定期間内に「**外国に輸出**」しなければならないという条件付です。ほとんどが、一般的解除条件付減免税です。ただ「輸出貨物製造用原料品の減免税」（☞ p237）だけが制限的解除条件付減免税です。

　戻し税には、「輸入時と同一状態で再輸出される場合の戻し税」（関税定率法 19 条の 3）と「違約品等の再輸入又は廃棄の場合の戻し税」（関税定率法 20 条）があります。

（2）再輸出免税

　図 4 -14 のように「**外国→日本→外国**」の代表的パターンです。

　外国から輸入し原則 1 年以内に外国に再輸出することを条件に輸入時

　　　　図4-14　再輸出免税の流れを見てみよう

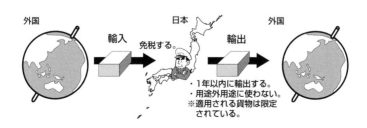

に免税するというものです。

ところで、どのような貨物でも「再輸出免税」が適用されるかというとそうではありません。「再輸出免税」が適用される貨物は関税定率法で限定列挙されています。先にお話した無条件免税の一つである「再輸入免税」は、貨物は限定されていませんでしたね。注意してください。

図4-15 再輸出免税が適用される貨物とは？

・修繕される貨物

・学術研究用品

・注文の取り集めのためのサンプル

・サーカスの興行用品

・試験品

232

（3）再輸出免税の適用貨物

さて、「再輸出免税」の適用貨物のうちいくつかの例を挙げてみましょう。

１．加工原材料

加工貿易振興の見地から、「再輸出免税」の適用貨物に加工原料品が掲げられています。

前の「再輸入減税」の説明の中に「日本で模様を焼き付けるために輸入された陶磁器」の話をしました。この「陶磁器」は、工場で模様を焼き付け輸入許可の日から１年以内に再輸出する、という条件で免税輸入できましたね。これは、「再輸出免税」の適用を受けて免税輸入できるのです。

ところで、「再輸入免税」の場合、「輸出許可の際の性質及び形状」が変わらないものを輸入するのが条件でした。しかし、「再輸出免税」の場合、今挙げた「加工原材料」の「陶磁器」のように、「輸入許可の際の性質及び形状」に**変更**が加えられても**適用**されるものもあります。

どのような原料品にどのような加工をする場合に「再輸出免税」が適用されるのかは、関税定率法施行令に限定列挙されています。図4-16がその例です。したがって、どのような「加工原材料」でも適用されるものではありません。もっとも「再輸出免税」の適用品目に「加工原材料」があるのは、加工貿易の振興のためですから、財務大臣は、加工貿易の振興に必要とされる「加工原材料」の追加指定をすることができます。

なお、加工される場所についてたとえば、「保税工場でなければならない」や「税関長の承認を得た製造工場でなければならない」といった制限は規定されていません。

233

図4-16 「再輸出免税」が適用されるのは、どのような原料品のどのような
加工？

・絵画又は模様を焼き付けるため
　輸入する<u>陶磁器</u>

・刺しゅう又は縁縫い
　を施すため輸入する
　<u>織物</u>

・彫刻、七宝、象眼、塗装、絵画、
　録音、録画、印刷をするために
　輸入する<u>製品</u>

２．修繕される貨物

　日本で修繕される貨物も１年以内に再輸出することを条件に免税輸入することができます。

３．映画製作者の映画撮影用の機械及び器具

　映画製作者の映画撮影用の機械や器具そのほか、サーカスなどの巡回興行者の興行用物品についても輸入許可の日から１年以内に再輸出することを条件に免税輸入することができます。これは、**文化交流、文化振興**といった観点から規定されています。

４．再輸出免税と「ATA 条約の実施に伴う関税法等特例法」

　ところで、この再輸出免税が適用される貨物のうち**加工用原料品**と**修繕貨物**を除いたすべてのものは、**通関手帳（ATA カルネ）**を利用することによって簡便に通関できます。このシステムは、「物品の一時輸入のための通関手帳に関する通関条約（ATA 条約）の実施に伴う関税法等の特例に関する法律」（略称は「ATA 条約の実施に伴う関税法等特例法」）に基づくものです。

　通関手帳（ATA カルネ）を使用することのメリットは、輸入申告書や仕入書、免税明細書などの提出、といった面倒な手続が不要であることです。なぜなら、通関手帳は、申告書や仕入書などの**代用**ができるように構成されているからです。

　再輸出免税を適用する場合、税関長は、関税など輸入税に相当する額の担保を提供するように命じることができるとされていますが、通関手帳により輸入する場合には、担保の提供をするよう指示されることはありません。通関手帳自体に輸入税の**担保書類**としての役割があるからです。

　たとえば、万が一、日本で再輸出期間内に貨物が再輸出されない場合、関税などの輸入税が徴収されますが、この場合、輸入者に直接請求がいくわけではありません。なぜかと言いますと、通関手帳を発行する保証団体から輸入税を徴収して、後ほど、保証団体が税関に対して、支払っ

た税額を納税義務者に**求償**<ruby>求償<rt>きゅうしょう</rt></ruby>するしくみだからです。つまり、**日本商事仲裁協会**を経由して外国の通関手帳の発給団体が輸入税の負担をすることになります。これが、通関手帳の「輸入税の担保的役割」です。

この通関手帳を使用した場合の再輸出期間は、通関手帳の有効期間内です。通関手帳の有効期間は、**通関手帳発給の日から最長1年以内**となっています。したがって、再輸出免税の適用を受けて輸入した場合と比べ、再輸出期間は、短くなります。（再輸出免税の場合は、輸入許可の日から1年以内ですから。）

もちろん、通関手帳は、日本から輸出した後、外国で免税輸入を認めてもらう際の手続にも利用できます。発給は、日本商事仲裁協会が行っています。

なお、通関手帳により免税輸入する場合も、他法令の規制がある場合には、許可、承認などを受けている旨の証明などが必要です。

図4-17 ATAカルネを使うと、物品の一時輸入が簡便にできる！

（資料提供　一般社団法人日本商事仲裁協会）

（4）　輸出貨物製造用原料品の減免税及び戻し税

　たとえば、原料の一部となる綿実油を輸入し、これを使用して魚介類の缶詰、びん詰などを税関長の承認する製造工場で製造し輸入許可の日から原則として2年以内に輸出することを条件に、綿実油が免税輸入できるというものです。

　また、戻し税の場合は、たとえば、砂糖を原材料として関税納付の上、輸入し、ジャム、マーマレード、清涼飲料水などを製造し、輸出した場合に、関税が払い戻されます。減免税の場合と異なり、輸出の期限に制限は、ありません（つまり、輸入の時から何年以内に輸出しなければならないという期限はないということです）。

　ところで「輸出貨物製造用原料品の減免税、戻し税」の活用は、決して多くはありません。多くの場合、保税工場で保税作業により生産する方法がおもに行われているからです。輸出貨物製造用原料品を用いる場合の製造場所は、保税工場という厳格なところでなく税関長の承認した製造工場でよいところから、**保税工場制度を補完**する形でもっと活用の余地があるのではないかと、産業空洞化対応の側面から提言されています。

（5）　再輸出と戻し税制度

　再輸出に関する戻し税制度には、今お話した「輸出貨物製造用原料品の戻し税」制度のほか、「輸入時と同一状態で再輸出される場合の戻し税」制度と「違約品等の再輸出又は廃棄の場合の戻し税」制度があります。

1. 輸入時と同一状態で再輸出される場合の戻し税

　外国からある商品を**委託販売契約**によって輸入する場合などに、利用されるものです。つまり、日本でその輸入された委託品を販売し、売れ残ったものを再輸出した場合、輸入時に納付した関税を払い戻してくれるというものです。

　この払い戻しには、二つの大きな要件があります。

　一つは、その輸入時の性質及び形状の変わっていない関税納付済み貨物を本邦から**輸出**することです。そのため、貨物の輸入時に再輸出貨物確認申請書を提出して貨物の確認を受けておかなければなりません。

　二つめは、**輸入許可の日から原則として1年以内に輸出**されなければなりません。廃棄した場合には、戻し税の対象には、なりません。

　ちなみに、再輸出の際、輸入貨物の部分品を本体から分離している場合、また、部分品として輸入した貨物を組み立てて輸出する場合や、輸入後の腐敗等によって変質、損傷した貨物を輸出する場合などは、輸入時と同一性が認められず戻し税の対象にはなりません。

図4-18 　輸入時と同一状態で再輸出される場合の戻し税とは？

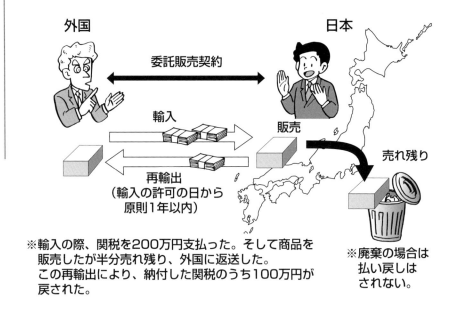

※輸入の際、関税を200万円支払った。そして商品を
　販売したが半分売れ残り、外国に返送した。
　この再輸出により、納付した関税のうち100万円が
　戻された。

※廃棄の場合は
　払い戻しは
　されない。

２．違約品等の再輸出又は廃棄の場合の戻し税

　身近なところでは、海外から通信販売によって、衣類を購入したところサイズが全く合わないので返品をするといった場合、輸入時に納付した関税を払い戻してくれる制度です。このほか、輸入した商品の中身が契約と異なる内容だったので返品する場合や輸入後法令によってその販売や使用が禁止されたので輸出する場合、またこれらの事情があり、税関長により廃棄することがやむを得ないと認められた上で、廃棄した場合にも払い戻しが受けられます。

　払い戻しを受けるためには、これらの違約品などを原則として６ヵ月以内に保税地域に搬入する必要があります。また、**輸入時の性質及び形状に変更を加えないものを輸出**する場合に限られます。なお、たとえば、機械類で輸出の際、形状に変化がない場合であっても、その機械が通常必要とされる試験期間を超え本格的に使用された場合には、貨物の性質に変化を加えたものとして取り扱われ、払い戻しは受けられません。

　ところで、この払い戻しの要件で注意したい点は、廃棄以外の場合、法令改正によりその販売や使用が禁止されたことを理由に輸出される貨物以外はすべて**輸出元に返送**することが要件になっていることです。

図4-19 払い戻しが受けられるのは？

〇印は払い戻しが受けられる場合

事　由	返送のための輸出	第三者へ輸出	税関長の承認を受けて廃棄
 1.通信販売で衣類を購入したがサイズが全く合わないので、返品。	〇	✕	〇
2.輸入した商品が契約の内容と異なるものであったため返品。 	〇	✕	〇
 3.輸入後、法令によって販売・使用が禁止されたので輸出。	〇	〇	〇

第4講 ◉ 特定用途免税とは？ 貨物が変質してしまったら？

（１）無条件免税と特定用途免税

　無条件免税については、すでにお話しましたが、特定用途免税と比較しながら見ていきましょう。無条件免税の適用を受けた輸入者は、輸入後その貨物をどのように使用しても関税が徴収されるということはありません。たとえば、「注文の取り集めのための見本」として無条件免税の適用を受け、輸入された貨物を「注文の取り集めのための見本」以外の用途に使っても、関税が直ちに徴収されることは、絶対にありません。

　一方、特定用途免税は、その名の通り**輸入許可後２年間は、特定の用途に使うことを条件**に免税するもので、一般的解除条件付免税の一つです。たとえば、博覧会の参加企業が入場者に無償で提供する博覧会の記念品を特定用途免税で輸入した場合、それを２年以内に有償で販売した

図4-20　無条件免税の適用貨物と特定用途免税の適用貨物

＜無条件免税＞
①課税価格が
１万円以下のもの

②サンプル

③ニュース映画用
のフィルム

＜特定用途免税＞

①外国から日本の
大学に寄贈した
学術研究用品

②儀式・礼拝の用に
直接供するため
宗教団体に寄贈
された物品

③航空機の発着又は
航行を安全にする
ために使用する機器

り、記念品以外の用途に使った場合には、直ちに関税が徴収されます。

無条件免税が適用される貨物も、特定用途免税が適用される貨物も関税定率法に列挙されています。

（2）貨物が変質、損傷した場合

輸入貨物が化学的変化（変質）により経済的価値が低下したり、物理的変化（損傷）により経済的価値が低下したりした場合の関税定率法上の取扱いについて見てみましょう。

ところで、従価税品と従量税品があることは、覚えていますね。ここでまずお話するのは、貨物の価格に対して関税がかかる従価税品の場合です。

まず**輸入申告前までに変質、損傷**した場合です。まだ申告する前のことですから、申告は、変質、損傷後の価格で行えばいいのです。

問題は、**輸入（納税）申告した後に変質、損傷**し、貨物の経済的価値が減少した場合です。すでに、納税申告により関税額は確定しています。そこで、輸入許可前であれば、価値の減少分、関税を軽減してもらえば問題は、解決します。申告納税方式をとる貨物の場合は、更正の請求により、確定した税額を軽減してもらいます。

次に**輸入許可後**です。たとえば、外国から輸入された花瓶が落下し、粉々になった場合、経済的価値はなくなります。このような場合、輸入時に納付した関税は、払い戻してもらえるでしょうか。デパートの花瓶売り場で起きた事故の場合、関税を払い戻してもらうなんて不可能だということは、何となく想像がつくでしょう。

輸入許可後の変質、損傷の場合は、厳格な要件の下、関税の払い戻しをする制度があります。その要件とは、次の通りです。

①　輸入許可後引き続いて**保税地域**に置かれていること

②　**災害その他やむを得ない理由**により滅失し、変質、損傷した場合であること

この2条件が揃っている場合には、関税の払い戻しがされます。

次に、従量税品です。

どこが違うかと言いますと、輸入申告までに変質、損傷がされた場合です。従価税品ですと課税価格を調整することで解決しましたが、従量税品の場合は、価格を調整しても意味がありません。そこで、**減税の方法**によって計算した税額を、納税申告します。

図4-21　輸入貨物が変質、損傷したときは？（従価税品の場合）

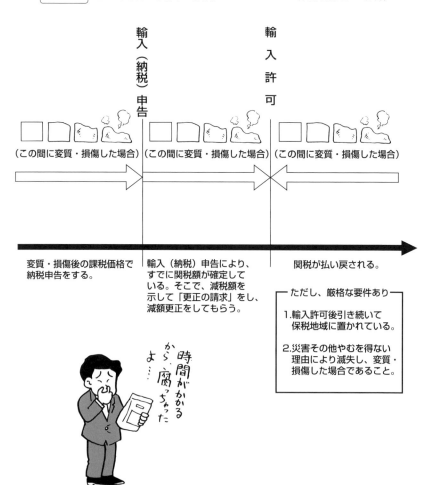

変質・損傷後の課税価格で納税申告をする。

輸入（納税）申告により、すでに関税額が確定している。そこで、減税額を示して「更正の請求」をし、減額更正をしてもらう。

関税が払い戻される。

ただし、厳格な要件あり
1. 輸入許可後引き続いて保税地域に置かれている。
2. 災害その他やむを得ない理由により滅失し、変質・損傷した場合であること。

第5講 ◉ ケース・スタディで学ぶ減免税・戻し税

Q1　見本品の輸入

皮革製の履物の見本をドイツから輸入したいのですが、見本品は免税になりますか。なお、履物の課税価格は、1足あたり16,200円です。

A1

「注文の取り集めのための見本」が免税輸入できる場合は、二つの場合があります。一つは、無条件免税（関税定率法14条6号）の適用を受けて輸入する場合、二つめは、再輸出免税（関税定率法17条）の適用を受けて輸入する場合です。

無条件免税の適用を受け輸入した場合は、輸入後用途外使用の制限や再輸出の条件などありませんが、再輸出免税の適用を受けて輸入した場合は、用途外使用の制限や原則1年以内の再輸出の条件などがあり、これらの条件に反した場合には、直ちに免税された関税が徴収されます。

これらは、それぞれ適用される要件が異なります。

無条件免税の適用を受ける「注文の取り集めのための見本」は、①見本用にのみ適すると認められるもの、もしくは②著しく価格の低いもの、のいずれかに該当する見本に限られます。「著しく価格の低いもの」とは、政令で「課税価格が5,000円以下のもの（酒類は除く）で見本のマークを付した物品その他見本の用に供するための処置を施した物品など」と規定されています。

また、「見本用にのみ適するものと認められるもの」とは、見本用以外に使用できないことを意味します。

ところで、お尋ねの皮革製履物がこの無条件免税の適用を受けることが可能かどうか見てみましょう。

まず、課税価格が16,200円ですので、著しく価格の低いものには、

 該当しません。

　では、見本用にのみ適すると認められるものか、です。見本用のみに適するものとは、見本以外に使用できない状態のことを意味しますが、具体的には、皮革製履物の場合、その製品を切断し、穴をあけ、抹消できない見本のマークを付し、又はその他の処理をしたもので、見本用以外には使用できないものをさします。

　ご質問の皮革製履物がこのような状態のものかどうかです。もし、これに当てはまるのなら無条件免税の適用を受けることができます。なお、このような状態でない場合でも、輸入許可前であれば、輸入者の申し出により保税地域で見本用にのみ適すると認められるように処置を施すことも可能です。

　次に、再輸出免税が適用される場合です。

　再輸出免税が適用される「注文の取り集めのための見本」については、

図4-22　見本品の免税輸入の方法は？

見本品の免税輸入

いろいろな方法があるが、最も輸入者にとって利便性の高いものを選択する。

1.無条件免税により輸入

2.再輸出免税により輸入

3.通関手帳により輸入

ATA Carnet

無条件免税のように著しく価格の低いもの等という要件はありません。また、商品見本である旨の表示も必ずしも必要ありません。少量かつ再輸出されるものと税関が認めるものについては、再輸出免税が適用されます。

　ご質問の皮革製履物について免税輸入が可能かどうかは、これらの要件が具備されているかによります。なお、無条件免税と再輸出免税と両方の適用が可能な場合には、輸入者が自分にいちばん有利な制度を適用すればいいのです。

　なお、このほか、通関手帳を利用した免税輸入も可能です。

Q2　学術研究用品と特定用途免税及び再輸出免税

　ある大学の研究所が学術研究用品をイタリアから輸入することになりましたが、学術研究用品は、免税輸入できるのでしょうか。

A2

　学術研究用品については、特定用途免税（関税定率法 15 条 1 項 1 号及び 2 号）と再輸出免税（関税定率法 17 条 1 項 5 号）に規定されています。

　特定用途免税の適用を受け輸入した場合には、輸入許可の日から**2年以内**には、学術研究用品以外の用途に供することはできません。また、再輸出免税の適用を受け輸入した場合には、原則として輸入許可の日から**1年以内に再輸出**しなければなりません。

　さて、大学などが輸入する学術研究用品のうち特定用途免税の適用が受けられるものは、**新規の発明にかかるもの**又は、**本邦において製作することが困難と認められるもの**に限られています。このように、学術研究用品ならば何でもいいというわけではなく範囲が狭いのです。一方、大学などが外国から寄贈を受ける学術研究用品については、このような制限がなく、特定用途免税の適用がされます。

　ご質問の場合は、大学自体が学術研究用品をイタリアから輸入すると

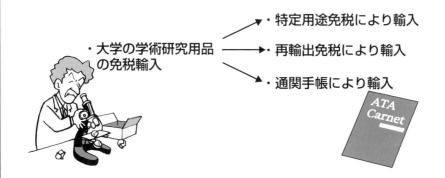

図4-23 学術研究用品の免税輸入の方法も3つある！

・大学の学術研究用品の免税輸入
→ ・特定用途免税により輸入
→ ・再輸出免税により輸入
→ ・通関手帳により輸入

ATA Carnet

いうことですから、その学術研究用品が上記の要件を備えたものでなければ、特定用途免税によって輸入することはできません。

次に、再輸出免税の適用を受けることのできる学術研究用品ですが、こちらは制限がありません。①1年以内に再輸出する、②学術研究の用に供する、という条件の下に再輸出免税の適用を受けることが可能です。

また、再輸出免税が適用される貨物ですから通関手帳を利用して免税輸入することも可能です。

Q3 引越しの際の自動車の特定用途免税

ドイツのフランクフルトにある某企業の駐在員として10年間、赴任していましたが、このほど日本に帰国することになりました。実は、3年前に購入したBMWを日本に持ち帰りたいのですが、関税などは、免税扱いになるのでしょうか。

A3

次の要件を満たす場合には、特定用途免税の適用を受けて免税輸入することができます。

① 住所を移転するために日本に入国する者が、入国の際に輸入し、又は別送して輸入する自動車であること。

② 輸入後、その者又は家族の個人的な使用に供するものであること。

③　すでに使用している自動車であること。

　特定用途免税の適用を受けて輸入された自動車は、「2年間は、輸入者又は家族の個人的な使用に供さなければならない」という制限があります。ですから、自動車教習所の自動車として使用したり、個人タクシーなどに使用したりすることはできません。このような場合には、直ちに関税が徴収されます。

　特定用途免税の適用を受けて自動車を輸入する場合、携帯して輸入するか、別送して輸入するかのいずれかによらなければなりません。航空機で帰国する場合、携帯して自動車を輸入するのは、あまり現実的ではありません。しかし、船舶で帰国する場合には、自動車を携帯輸入することも考えられます。いずれにせよ、「携帯品・別送品申告書」を入国の時に税関職員に提出し、確認を受けなければなりません。

　別送品とは、輸入者が自ら持ってくる携帯品とは異なり、輸入者とは別便で輸入する貨物をいいます。別送品があるときは、入国の際に税関職員に申告し、確認を受けなければなりません。確認後、「携帯品・別送品申告書」は返付されますが、これを大事にとっておく必要があります。入国の際にこの手続を怠ると、一般の輸入扱いになってしまいます。免税枠を利用したり簡易税率の方が有利な場合には、注意しなければなりません。そして、原則として入国後6ヵ月以内にその貨物を輸入しなければなりません。

　自動車が日本に到着しますと、いよいよ輸入申告を行うわけですが、この時、「自動車などの引越荷物免税申請書」に、返付された確認済み「携帯品・別送品申告書」、パスポート、自動車の外国における登録書又は登録機関が発行した所有権証書など入国前に自動車を使用したことを税関が認定するための資料を添付して、提出します。

　なお、日本に住所を移転するために日本に入国するものが入国の際に携帯又は別送して輸入する自動車のほか、船舶、航空機も同様に特定用途免税の適用が受けられます。ただし、船舶、航空機については、入国

者や家族が入国前 1 年以上使用したものとされています。

ところで、日本に住所を移転するため以外の目的で本邦に入国する者が個人的な使用に供するためその入国の際に携帯して輸入し、又は別送して輸入する自動車、船舶、航空機は再輸出免税が適用されます。

Q4 関税の相殺(そうさい)

外国のカタログ通信販売を利用してある品物を個人で使用するため購入したところ、注文したサイズと到着した品物のサイズが異なっていました。通信販売会社と連絡をつけ、私は、郵便路線を利用して通信販売会社に返品し、その代わり通信販売会社は正しいサイズのものを送付してくれることになりました。この場合、代わりの正しいサイズの品物を輸入するときの関税を、今回返品する品物を輸入した際に納付した関税と相殺することはできますか。

A4

結論から申しますと、今回輸入する代替品にかかる関税と返品される品物にかかる関税とを相殺することはできません。

輸入者から見れば、誤ったサイズの品物にも、代替品にも関税が徴収され、倍の関税を負担する結果になります。そこで、何か救済する手立てはないかというと、「違約品等の再輸出又は廃棄の場合の戻し税」の適用により、返品分にかかる関税を戻してもらうことができます。

この「違約品等の再輸出等の場合の戻し税」とは、

①　品質又は数量等が契約の内容と相違するため返送することがやむを得ないと認められる貨物

②　個人的な使用に供する物品で通信販売等の方法により販売されたものであって、品質などが輸入者が予期しなかったものであるため返送することがやむを得ないと認められる貨物

③　輸入後法令によりその販売もしくは使用又はそれを用いた製品の販売・使用が禁止されるに至ったため輸出することがやむを得ないと認められる貨物

のいずれかに該当する貨物について、

- ●輸入許可の日から原則として6ヵ月以内に保税地域などに入れ、
- ●かつ輸入時の性質及び形状に変更を加えないものを本邦から輸出した場合、
- ●もしくは、税関長の承認を得て廃棄した場合

には、関税を払い戻すという制度です。

また、上記①の違約品、及び②の通信販売により輸入された個人用物品については、その輸出が返送のためのものに限り、戻し税の対象になります。

ところで、ご質問のケースは②の通信販売により輸入された個人用物品に該当しますから、6ヵ月以内に保税地域などに搬入し、返送のための輸出をするか、又は税関長の承認を受けて廃棄がされると、関税が払い戻されます。しかし、廃棄の場合は、廃棄がやむを得ないと税関長が認め承認した場合に限られますし、今回のご質問は、返品するとのことですから、関係はありませんね。

さて、払い戻しを受ける場合には、原則として6ヵ月以内に保税地域などに搬入する必要がありますが、郵便路線により返送する場合には、受け取ってから6ヵ月以内に返品する品物をあらかじめ税関に提出し事前検査を受けます。この税関の提出が保税地域への搬入とみなされます。その上で郵便局に差し出します。そして、関税払い戻し申請書は、差し出された後に受理されます。

図4-24 通信販売の物品を返送するとき、関税の払い戻しを受けられるのは？

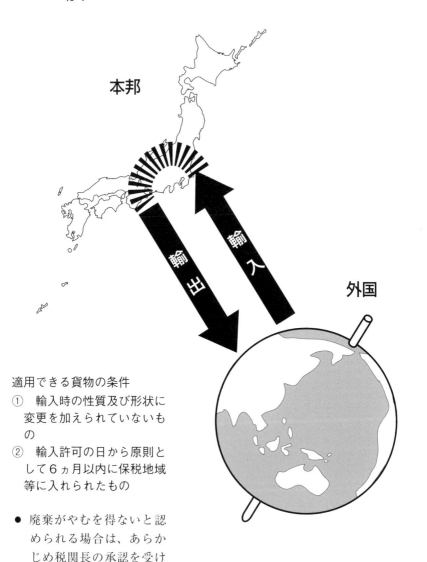

適用できる貨物の条件
① 輸入時の性質及び形状に変更を加えられていないもの
② 輸入許可の日から原則として6ヵ月以内に保税地域等に入れられたもの

● 廃棄がやむを得ないと認められる場合は、あらかじめ税関長の承認を受け廃棄することができるが、**この場合も戻し税の対象となる。**

クイズで学ぶ　Part Ⅳ

1．次の輸入品のうち、再輸入免税が適用されないのはどれでしょうか。
（ただし、いずれも再輸出に関する減免税などは受けていないものと
します。）

　a　日本から送られた原材料により台湾で生産した商品

　b　輸出許可を受けた後、船に積み込む前に輸出を取りやめ、引き取
　　ろうとする貨物

　c　外国に輸出したが売れ残ったため輸出した時と同一状態のまま、
　　日本に引き取る商品

2．特恵関税制度を利用し「生鮮バナナ」を輸入した場合、次のどの国
の原産品であれば関税が無税になるのでしょうか。

　a　フィリピン

　b　タンザニア

　c　ブラジル

3．次の貨物のうち、無条件免税により輸入ができる可能性のないもの
はどれですか。

　a　商品のサンプル

　b　ニュース用の録画済みフィルム

　c　海外で1年以上使用した自家用乗用車

いろいろな関税率と減免税・戻し税をマスターする！

・・・・・・・・・・・・・・・・・・・ 答 ・・・・・・・・・・・・・・・・・・・

1. a

　　再輸入免税とは、輸出時の性質・形状が変わらないものを再び輸入
した場合、免税となる制度です。

　　cの場合はまさに要件通りですから、再輸入免税の対象となります。

　　aのように外国で生産された商品については、適用はされません。

　　bのような場合ですが、輸出許可された貨物は、外国貨物です。輸
出取りやめの場合は、輸入申告をして輸入許可を受ける必要がありま
すが、この場合、「再輸入免税」を受けることができます。

2. b

　　フィリピンとブラジルは、特恵受益国です。タンザニアは、特別特
恵受益国です。ちなみに、生鮮バナナの場合、特恵税率は4月1日か
ら9月30日までに輸入されるものは10％、10月1日から3月31
日までに輸入されるものは20％で、特別特恵税率は無税です。

3. c

　　aの商品のサンプルは、一定の要件の下で無条件免税の対象になり
ますし、ニュース用の録画済みフィルムも無条件免税の対象になりま
す。しかし自動車については、特定用途免税や再輸出免税の適用はあ
りますが、無条件免税の適用はありません。

●著者紹介

片山立志（かたやま・たつし）

　東京都民銀行（現きらぼし銀行）等を経て、現在、株式会社マウンハーフジャパン代表取締役、日本貿易実務検定協会®理事長、国際実務マーケティング協会代表、また、嘉悦大学経営経済学部非常勤講師・早稲田大学 EX センター非常勤講師などを務める。

　主な著書に『通関士試験合格ハンドブック』、『通関士試験テーマ別問題集』（いずれも年度版＝日本能率協会マネジメントセンター）、『グローバルマーケティング』（税務経理協会）などがある。

　金融法学会会員。特定行政書士。通関士有資格者。

通関士受験セミナー・貿易実務セミナーの株式会社マウンハーフジャパン事務局

〒163-0825　東京都新宿区西新宿 2 - 4 - 1
　　　　　　　新宿 NS ビル 25 階

☎03 - 6279 - 4180　　URL https://www.mhjcom.jp/

改訂 2 版　「通関士」合格の基礎知識

2020 年 2 月 10 日　　初版第 1 刷発行
2024 年 10 月 15 日　　　　第 8 刷発行

著　者——片山立志
© 2020 Tatsushi Katayama

発行者——張　士洛

発行所——日本能率協会マネジメントセンター
〒103-6009 東京都中央区日本橋 2-7-1　東京日本橋タワー

TEL 03（6362）4339（編集）／ 03（6362）4558（販売）
FAX 03（3272）8127（編集・販売）
https://www.jmam.co.jp/

装　丁——吉村朋子
イラスト——長野　亨
本文 DTP——広研印刷株式会社
印刷所———広研印刷株式会社
製本所———株式会社三森製本所

ISBN 978-4-8207-2770-5　C3032
落丁・乱丁はおとりかえします。
PRINTED IN JAPAN

通関士試験合格ハンドブック

片山立志 [編著]

A5判 832頁

国家試験を徹底分析し、最新の出題傾向に対応した「通関士試験」合格のための必要な知識が身につく対策テキスト。3科目のポイントをチャート図解でわかりやすく解説します。頻出条件をチェックできる赤シート付き。巻末に模擬試験を収録。

日本能率協会マネジメントセンター

JMAM の本

どこでもできる通関士選択式徹底対策

片山立志 [著]

新書判　384頁

本書は通関士試験合格のため、選択式問題を中心にいつでもどこでも学習できるツールとして開発された、試験対策本の最新版です。

日本能率協会マネジメントセンター